Michael Kaminski

Pilgern mitten im Leben

Michael Kaminski

Pilgern
mitten im Leben

Wie deine Seele laufen lernt

HERDER

FREIBURG · BASEL · WIEN

MIX
Papier aus verantwor-
tungsvollen Quellen
FSC® C017859

© Verlag Herder GmbH, Freiburg im Breisgau 2016
Alle Rechte vorbehalten
www.herder.de

Umschlaggestaltung: Designbüro Gestaltungssaal
Umschlagmotiv: © Jürgen Fälchle – Fotolia.com
Fotos: Michael Kaminski

Satz: post scriptum, Emmendingen / Hüfingen
Herstellung: CPI Moravia Books, Pohorelice

Printed in the Czech Republic

ISBN 978-3-451-31026-3

Inhalt

Ich traf ...

Si has perdido el camino, busca las flechas …
Están en tu corazón.

Wenn du den Weg verloren hast, suche die Pfeile …
Sie sind in deinem Herzen.

Vorwort

Liebe Leserin, lieber Leser –
liebe Weggefährtinnen und Weggefährten!

Im Moment kennen wir uns noch nicht. Aber das könnte sich schnell ändern. Denn ich lade Sie ein, mit mir einen Weg durch dieses Buch zu gehen. Es ist ein persönliches Buch, denn es handelt von mir, von Ihnen und von vielen anderen Menschen, die wir auf unserem Pilgerweg treffen.

Vielleicht befinden Sie sich gerade in einer Situation in Ihrem Leben, in der Sie auf der Suche sind, weil Sie nicht so recht wissen, wie es weitergeht. Aber eines wissen Sie schon: So wie bisher auf jeden Fall nicht. Deshalb suchen Sie nach einem neuen Weg – es könnte ein Pilgerweg sein.

Vielleicht waren Sie aber auch schon pilgernd unterwegs, dann wissen Sie ein wenig, was auf Sie zukommt. Wir werden auf diesen Seiten einige Zeit miteinander verbringen – und es wird wesentlich werden, denn es geht um unser Wesen, unseren Kern, es geht um Seele.

Ich möchte mit diesem Buch Lust machen, das Pilgern auszuprobieren, und ein paar Ideen und Anregungen geben, wie es gut gelingen kann, aufzubrechen und auch anzukommen – äußerlich und innerlich. Auf den ersten Seiten werde ich mich mit meiner eigenen Pilgergeschichte selbst ein wenig vorstellen, damit nachvollziehbar wird, welche Tradition und welche Erfahrungen mir wichtig sind. Ich sage es gleich: Weil es die Pilgertradition der Jakobswege ist, die mich in erster Linie geprägt hat, wird sich vieles in diesem Buch direkt oder indirekt auf das Pilgern auf Jakobswegen beziehen. Und dennoch sind viele Erkenntnisse auf einfache Weise auch auf andere Pilgerwege und -traditionen übertragbar.

Ich werde kurz das Phänomen Pilgern in seiner geschichtlichen und religiösen Entwicklung skizzieren, die Motivationen des Pilgerns der Menschen im Mittelalter beleuchten und dann ausführlicher auf die unterschiedlichen Hintergründe und Motivationen eingehen, aus denen heraus sich Menschen heutzutage auf den Weg machen. Die Erfahrung zeigt, dass es fast immer ein Lebensumbruch, eine Krise oder zumindest eine bestimmte außergewöhnliche Situation ist, vielleicht auch eine existenzielle oder spirituelle Suche, die Menschen zu Pilgerinnen oder Pilgern werden lässt. Ich zeige, was viele dieser Motivationen, so unterschiedlich sie auch sind, verbindet und auf welche Weise das Pilgern darauf einwirkt.

Wer zum Pilgern aufbrechen will, muss einige Entscheidungen treffen: Welchen Weg will ich gehen, wo soll er beginnen und enden? Will ich allein, zu zweit oder in der Gruppe pilgern? Hierzu gibt das Buch ganz praktische Entscheidungshilfen. Denn es kann, muss aber nicht gleich die ganz große Pilgerreise sein. Ich will dazu ermuntern, auch kleinere Pilgererfahrungen zu sammeln, deren inneres Erleben und auch ganz praktische Erkenntnisse vielleicht einmal in größere und längere Pilgerreisen einfließen können.

Verschiedene Lebenssituationen und -umbrüche sind mit unterschiedlichen Fragestellungen verbunden. Ich werde dazu im zweiten Teil des Buches einige Wegbeispiele anbieten, die anregen können, sich vertieft mit dem eigenen Thema auseinanderzusetzen, auch wenn man nur ein paar Tage unterwegs ist. Es geht bei diesen Wegideen um Themen wie Sehnsüchte und Aufbrechen, Vergangenheit und Zukunft, neue Orientierung und wichtige Entscheidungen, trauern und Abschied nehmen, wertschätzen und Bilanz ziehen.

Ich beschreibe dabei die Entwicklungen auf Wegen über mehrere Tage hinweg, wobei die Anregungen so verfasst sind, dass sie sich von ihrem inneren Spannungsbogen her auf jeden beliebigen Pilgerweg anwenden lassen. Die Impulse und Fragestellungen sind jeweils so gestaltet, dass sie auf eine bestimmte Lebenssituation oder eine Suche bezogen einen Entwicklungsprozess anregen, der sich im Rahmen einer mehrwöchigen Pilgerreise von ganz allein ergeben würde. Wer sich erst mal nur ein paar Tage aufmachen möchte oder sich auf einem bestimmten Teil seines Weges mit einem bestimmten Thema beschäftigen will, bekommt also ganz konkrete Anregungen dazu.

An verschiedenen Stellen des Buches sind Beschreibungen von Begegnungen, die ich auf meinen Wegen hatte, eingeflochten. Mal heiter und kurios, mal nachdenklich und berührend beschreiben sie, welchen Menschen man auf Pilgerwegen so über die Füße laufen könnte. Weil es sich um sehr persönliche Begegnungen handelt, sind konkrete Namen und Orte oft nur Schall und Rauch, aber alle Menschen habe ich selbst getroffen. Zunächst aber – und damit beginnt auch dieses Buch – bin ich mir selbst begegnet.

Wenn Sie noch nie gepilgert sind, hoffe ich, dass ich Sie mit diesem Buch neugierig machen kann. Sie werden vielfältige Ideen und Entscheidungshilfen finden. Sollten Sie bereits gepilgert sein, finden Sie motivierende Anregungen, wie Sie beim nächsten Mal ein bestimmtes Thema oder eine Frage neu angehen könnten. So oder so, sicherheitshalber möchte ich folgenden Warnhinweis an den Anfang stellen: Achtung! Pilgern kann süchtig machen und wird Ihr Leben verändern.

Jetzt aber los, wir starten mit einem fröhlichen Wunsch, mit »Guten Weg!«, mit »*Buen Camino!*«, wie man auf dem

Auf zu neuen Abenteuern!

Jakobsweg in Spanien zu sagen pflegt, und mit dem alten spanisch-lateinischen Pilger-Mutmach-Wort *Ultreia,* das so viel bedeutet wie »Immer weiter!«, besonders dann, wenn's mal schwierig wird.

Ultreia!

Ich traf mich selbst –
und wurde ein anderer

Ich traf auf irgendeinem Jakobsweg einen Pilger, der schon
öfter unterwegs gewesen zu sein schien. Typisch deutsch mit
kariertem Wanderhemd steht er da, dazu jedoch unrasiert
und mit einem Kopftuch, das die Idee aufkommen lässt, es
hier mit einem gestrandeten Piraten zu tun zu haben. Aber
der große Rucksack, der markante Wanderstab und schließlich die Wade des Pilgers, auf
der eine tätowierte Jakobsmuschel zu sehen ist, lassen keinen Zweifel daran: Das muss
ein waschechter Pilger sein!
Ich bin neugierig, lächele ihm
zu und spreche ihn bei nächs-
ter Gelegenheit an einem Rastplatz an.

»Was treibt dich auf den
Weg?«, frage ich – ein klassi-
scher Einstieg zwischen Pilgernden, wenn man sich nicht
lange mit Smalltalk aufhalten
will. Wir stellen uns einander
vor: woher, wohin? Ich erfahre,
dass es sich um Michael aus
München handelt. »Also, wie
ging es bei dir los?«, frage ich, *Ich traf ...*

und Michael fragt zurück: »Hast du Zeit? Das ist eine etwas längere Geschichte …«

Weil es sich gehend besser plaudert, legen wir wieder los. Michael beginnt zu erzählen. »Eigentlich bin ich in das Pilgergeschehen hineingerutscht. Zwei Kollegen bei der Evangelischen Jugend wollten 2007 einen dreitägigen Pilgerweg für junge Männer anbieten. Die Reise wurde ausgeschrieben, aber beiden kam etwas dazwischen. Und ich bin eingesprungen. Als Religionspädagoge traute ich mir zu, eine Gruppe auf einem Weg zu begleiten. Aber ich hatte noch keine Ahnung vom Pilgern, mal abgesehen davon, dass auch ich wie viele andere Hape Kerkelings Pilgererfahrungen gelesen hatte. Ich wanderte eigentlich nicht gern, aber ich hielt es doch für klug, den geplanten Weg schon mal allein abzulaufen, damit ich mich orientieren konnte und wusste, wo Pausen angebracht sind oder wo man vielleicht einen Impuls zum Nachdenken geben könnte. Es sollte der Jakobsweg sein, der von München aus in Richtung Bodensee führt. Wenn man ihn komplett geht, führt er auf 2600 Kilometern von München durch das Allgäu, weiter durch die Schweiz zum Genfer See, mitten durch Frankreich und schließlich durch Spanien nach Galicien zum Pilgerziel Santiago de Compostela.«

»Aber du wolltest mit den Jungs schon nur in Bayern pilgern, oder?«, frage ich sicherheitshalber nach.

»Ja«, antwortet Michael, »mir war wichtig, dass wir dort mit dem Pilgern beginnen, wo wir zu Hause sind. Mit vier mehr oder weniger jungen Männern und einem Freund, dem Diakon Tobias Rilling, bin ich dann aufgebrochen. Eine fröhliche Truppe war das! Aber unterwegs fiel mir auch auf, dass alle nicht nur einen Rucksack, sondern auch ein inneres Päckchen zu schleppen hatten: die Trennung der Eltern, die Frage nach dem richtigen Studium, sich beruflich selbstständig zu machen oder angestellt zu bleiben, solche Dinge. Jedenfalls war keiner dabei, der einfach nur neugierig auf eine Pilger-erfahrung war.«

»So habe ich das auf den Wegen auch wahrgenommen«, bestätige ich, »fast niemand bricht so zum Pilgern auf, als würde er einfach in den Urlaub gehen. Die Menschen sind auf der Suche, bringen ihre Lebensthemen mit, oft auch einen Umbruch oder eine Krise.«

Michael erzählt weiter: »Es war eine tolle Erfahrungen, mit den jungen Pilgern am Ziel, an der Jakobskirche in Schondorf, anzukommen. Aus heutiger Sicht kann ich sagen, dass es bereits dort um mich geschehen war: Der Pilgervirus, von dem viele sprechen, hatte mich schon infiziert. Ich wusste, ich muss von diesem Ort aus weitergehen. Von hier aus Richtung Santiago. Aber beim nächsten Mal für mich allein. Dabei war ich mir gar keines Umbruchs oder einer Krise in meinem Leben bewusst. Aber ich spürte, es würde mir guttun, einfach nur für mich zu sein. Ich wollte mich auf dem Weg einfach besser kennenlernen.«

Jetzt will ich's aber wissen: »Und, was hast du herausgefunden?«

»Ich brach noch im selben Jahr wieder auf, pilgerte zum Bodensee, was für mich damals als unerfahrener Wanderer schon eine Herausforderung war. Gerade deshalb war ich jedoch immer wieder stolz auf mich. Zunächst dachte ich, ich müsse abends unbedingt jemanden anrufen und erzählen, welche anstrengenden Wege ich gelaufen bin, wie viele Kilometer ich geschafft habe. Aber ich merkte bald, dass es überhaupt nicht darauf ankam, dass ich Lob von anderen hörte. Ich erkannte vielmehr, dass es darum ging, dass ich selbst auf mich stolz war.«

»Das klingt, als wärst du überheblich geworden.« Ich schaue Michael skeptisch an.

Er lächelt zurück: »O nein. Es war kein Stolz auf Kosten

anderer, ich erlebte, was ich leisten konnte, körperlich und mental, konnte mich selbst besser sehen und klopfte mir anerkennend auf die Schulter. Solltest du auch mal probieren!«

»Darauf trinken wir einen Schluck.« Ich suche im Rucksack nach meinem Flachmann und reiche ihn rüber.

Michael nippt: »Lecker, ein Birnenschnaps. Ein Willi, oder? Wo ein Willi ist, ist auch ein Weg – alter Pilgerspruch.«

»Na, dann los!« Wir haben ja noch ein gutes Stück Weg vor uns.

Und er fährt fort: »Ich musste allerdings bald lernen, dass ich auch nicht alles schaffe. Im Gegenteil, ich brauchte unterwegs immer wieder Unterstützung und Hilfe. Das letzte Stück zum Bodensee zum Beispiel, den Pfänder hinab, musste ich mich sogar im Auto mitnehmen lassen. Ich lernte schmerzhaft, dass ich zwar viel schaffen kann, aber dass ich das Ziel nicht nur aus eigener Kraft und ohne Hilfe erreichen werde. Ein wenig Unterstützung und auch eine Portion Gnade gehören auch dazu.«

»Gnade?«

»Na, göttlicher Beistand. Auf dem Pilgerweg bist du nie ganz allein.«

»Aha … Du hast also den Bodensee erreicht. Wo ging es dann weiter? In Spanien?«, will ich schon wissen.

»Nein, nachdem ich den Weg an der eigenen Haustür begonnen hatte, wollte ich nun auch in der richtigen Reihenfolge weiterpilgern. Und jedes Mal, wenn ich an dem Ort aufbrach, den ich auf der letzten Pilgerreise erreicht hatte, lernte ich wieder Neues über mich. In der Schweiz erfuhr ich, dass ich manchmal gern allein bin und auch Zeit für mich brauche. Das wusste ich vorher nicht, es war ungewohnt für mich. Und erst recht für meine Lieben zu Hause.«

»Stimmt schon, Pilger kommen verändert, manchmal seltsam zurück, das ist für die Daheimgebliebenen nicht immer

Achtung: Pilgern kann Ihre Haltung verändern!
Vorher   Nachher

einfach nachzuvollziehen. Aber davon steht in den meisten Pilgerbüchern nichts. Erzähl doch weiter, Michael.«

»In Frankreich lernte ich zum Beispiel, dass ich ein Mensch bin, der in Spannungsbögen denkt und lebt: Es gibt immer wieder zeitliche oder örtliche Bezugspunkte in der Zukunft, an denen ich mich orientiere.«

»Du bist also kein Pilger, der einfach in den Tag hineinläuft und mal schaut, wo er abends ankommt?«

»Nein, ich will zwar auch nicht alles durchplanen, aber es tut mir schon gut, mir morgens mögliche Zielorte des heutigen Pilgertages vorzunehmen.«

»Und wie hast du die anderen Menschen auf den Pilgerwegen erlebt?«

»In Deutschland sind mir damals keine anderen Pilger begegnet. Das änderte sich in der Schweiz, und in Frankreich und Spanien erst recht. Und es bestätigte sich meine Anfangsbeobachtung: Fast alle Menschen auf Pilgerwegen haben ein Lebensthema oder mehrere Lebensthemen, und sie glauben, sie würden auf den Wegen wichtige Impulse bekommen, die sie in dieser Hinsicht weiterbringen. Mit dieser Erkenntnis begann ich, meine private Pilgerleidenschaft mit meiner beruflichen Tätigkeit zu verbinden. Erwachsenenbildung muss ja nicht immer in Räumen in Form von Vorträgen, Kursen oder Seminaren stattfinden.

Was würde passieren, fragte ich mich, wenn ich Menschen mit ähnlichen Lebensthemen zusammen auf einen Pilgerweg bringen würde? Könnte das eine neue Form von Bildungsarbeit sein? Etwas, bei dem sich Bildung, Seelsorge und Spiritualität begegnen, was deshalb gut in mein Tätigkeitsfeld innerhalb der Evangelischen Kirche passen könnte?«

»Du arbeitest bei der Kirche?« Ich staune, so sieht er gar nicht aus.

»Du wirst lachen, ich bin Religionspädagoge und Kirchenbeamter!«, grinst Michael. »Ich entschied mich, es auszuprobieren, und gleich mit einem anspruchsvollen Projekt: Ich wollte mit Trauernden, die einen geliebten Menschen verloren haben, zum Pilgern aufbrechen. Für dieses Thema brauchte ich natürlich noch andere, die sich in Trauerbegleitung auskennen. Da kam wieder Tobias, mein Begleiter vom ersten Mal, ins Spiel, der sich bei ›Lacrima‹ mit seinem Team für trauernde Kinder und ihre Angehörigen engagiert. Gemeinsam gelang das Projekt wunderbar, wir hatten und haben bis heute mit unseren Gruppen sehr intensive Zeiten auf dem Münchner Jakobsweg.«

»Das war bestimmt ziemlich anstrengend?«, frage ich nach.

»Nun, natürlich berührten mich die Lebensgeschichten sehr, aber wir waren in der Natur, in Bewegung und in tragender Gemeinschaft. Ich fühlte mich danach immer erfüllt, weil ich das Gefühl hatte, etwas sehr Sinnvolles zu tun. Und deshalb blieb es auch nicht bei diesem Thema. Während ich auf meinem persönlichen Pilgerweg immer weiter vorankam, entwickelte ich in meiner Arbeit weitere Angebote für bestimmte Lebenssituationen: Pilgern zur Neuorientierung in der Lebensmitte; rund um den Ruhestand; Dreikönigspilgern für Männer, um das alte Jahr abzuschließen und kraftvoll ins Neue zu schreiten. Über die Jahre kamen Themen hinzu, die in bestimmten Lebenssituationen eine Rolle spielen: Aufbrechen; Loslassen; Licht und Schatten; Wunder; Leben in Fülle; Sehnsuchtspilgern. Oder einfach Angebote, die durch ihre Sinnlichkeit gut mit der Ganzheitlichkeit des Pilgerns korrespondieren: vier Elemente; fünf Sinne … solche Aspekte«, zählt Michael auf. »Und weil ich leidenschaftlicher Pädagoge bin, möchte ich mein Wissen und meine Erfahrungen auch teilen. Deshalb bilde ich mittlerweile selbst Pilgerbegleiter und -begleiterinnen aus.«

»Sag mal, wie oft bist du denn dann unterwegs?« will ich wissen.

»Mittlerweile sind es sicher 80 bis 90 Pilgertage im Jahr. Denn ich muss die Wege alle vorher abgehen, um die Themen auf die Wegsituationen beziehen zu können. Und dann möchte ich auch noch für mich persönlich unterwegs sein. Ich sag' mal so: Um die Schale zu füllen, aus der ich für andere schöpfe. Und außerdem will ich ja auch meine eigenen Themen bearbeiten.«

»Das heißt also, das Pilgern bewegt in dir selbst noch immer etwas?«

»Sicher. Als eine langjährige Beziehung auseinanderging, fragte ich mich, weshalb ich das, was ich mit anderen auf Wegen tue, nicht auch für mich versuche. Und so bearbeitete ich meine Trennungserfahrung unterwegs. Gefühle, Erinnerungen hatten hier Platz, durch die Bewegung setzte sich aber nichts fest. Ich konnte gut Abschied nehmen.«

»Oder«, fährt Michael fort, »auf einem Weg in Portugal hinterfragte ich in ein paar Tagen alle wichtigen Entscheidungen in meiner Biografie und sortierte so mein Leben neu.«

Ist die Sehnsucht am Ziel?

»Portugal?«, wundere ich mich. »Mittlerweile bist du also in Santiago angekommen?«

»Ja, nach vier Jahren erreichte ich 2010 auf dem Küstenweg Santiago. Ein großer Augenblick! Davon erzähle ich dir gern bei anderer Gelegenheit mehr. Und als ich nach ein paar Tagen und gebührender Feier noch drei weitere Tage nach Finisterre weiterging, verstand meine Seele dort am Kap, dass der Weg nun zu Ende ist. Es ging ja wirklich nicht mehr weiter. Klippen. Meer. Auf dem Meilenstein dort steht 0,00 km.«

»Da könnte man ja sagen, jetzt ist gut. Aber ich treffe dich hier wieder auf einem Weg«, wundere ich mich.

»Ja, das Pilgern lässt mich nicht mehr los, ich bin inzwischen fast alle großen Jakobswege in Spanien gegangen, war in Portugal, wieder in Frankreich, der Schweiz, Österreich, auch in Deutschland bin ich immer wieder unterwegs.«

»Ein bisschen verrückt ist das aber schon?«, ich schüttele den Kopf.

»Du kannst mir glauben, manchmal wundere ich mich selbst über mich. Ich habe verstanden, dass das Pilgern für mich ein Initiationsweg ist. Als ich das dritte Mal in Santiago ankam, habe ich mir dort eine Jakobsmuschel auf die Wade tätowieren lassen. Zu einer Initiation gehören immer auch Schmerzen und Narben. Natürlich erlebte ich auf all meinen Wegen viele körperliche und auch innere Schmerzen. Und die Muschel auf der Haut ist für mich so etwas wie eine ritualisierte Narbe.«

»Du hattest vorhin mal gesagt, dass du eigentlich nicht gern wanderst. Das kannst du inzwischen nicht mehr behaupten, oder?«

»Doch, tatsächlich gehe ich immer noch nicht gern einfach zum Wandern. Aber ich bin leidenschaftlich gern Pilger. Ich glaube, das ist ein Teil meiner Persönlichkeit geworden. Deshalb muss ich immer wieder los. Ich genieße einfach auch die Gemeinschaft mit mir und mit Gott, aber auch die Gemeinschaft mit den Menschen auf den Wegen und am Wegesrand. Unterwegs trifft man Engel – und manchmal wird man selbst zu einem. Ich durfte viele Menschen auf ihren Wegen unterstützen. Und brauchte selbst immer wieder die Hilfe anderer.«

»Das habe ich auch schon erlebt, echte Wunder können da geschehen.« Ich bleibe stehen, bin durstig geworden. Und dort vorn ist eine Bar. »Sag mal«, frage ich noch, »hast du schon mal darüber nachgedacht, über all das, was du mit dem Pilgern machst, ein Buch zu schreiben?«

»Hm, ja, das ist eine gute Idee. Vielleicht sollte ich damit mal anfangen«, sagt Michael, winkt mir zu und zieht weiter auf seinem Weg.

Phänomen Pilgern

Geschichtliche Facetten

Pilgern scheint ein menschliches Grundbedürfnis zu sein. Deshalb gibt es diese spirituelle Form in jeder großen Religion. Alle Religionen kennen besondere Orte, die sich von anderen unterscheiden. Es sind »heilige« Orte, zu denen man in besonderer Weise reist. Im Judentum war schon vor 2000 Jahren der Tempel in Jerusalem das Pilgerziel, heute sind es seine Überreste, besser bekannt als die Klagemauer. Muslime pilgern nach Mekka und Medina, im Buddhismus und Hinduismus sind heilige Berge wie der Kailash oder auch Flüsse wie der Ganges Pilgerziele. An allen diesen Orten werden bestimmte Rituale, traditionelle Handlungen vollzogen, um Anteil am Heil zu erlangen. Auf welche Weise die Pilgernden diesen besonderen Ort erreichen, ist eher von geringer Bedeutung. Es ist etwa völlig gleichgültig, auf welche Weise ein Muslim Mekka erreicht, solange er die dem Ort entsprechenden Rituale ausübt, gilt sein Hadsch, also seine Pilgerreise, als erfüllt.

Für Christinnen und Christen wurden schon im 4. Jahrhundert Gräber zu solchen besonderen Orten, zu Pilgerstätten. Das Grab Jesu in Jerusalem, die Gräber von Petrus und Paulus in Rom waren lange Zeit die wichtigsten Pilgerziele. Immer wieder entstanden neue Orte, an denen Reliquien verehrt wurden: Gegenstände oder Körperteile, die von Heiligen stammten. Im Mittelalter glaubte man, durch das Annähern oder gar Berühren der Reliquie Anteil am Heil des oder der

Heiligen zu erlangen. Denn die Menschen trieb die Angst vor Fegefeuer und Hölle um. Es war eine sehr greifbare, existenzielle Angst vor ewigem Leiden, die sich als Schatten über das ganze irdische Leben legte. Der Pilgergang zu einer Reliquie versprach Abhilfe. Einige Traditionen hielten den möglichst mühevollen und schmerzhaften Bußgang für besonders wirksam, woraus sich Formen des Pilgerns barfuß, auf Knien oder mit Erbsen im Schuh ausbildeten. Je schmerzhafter die Kasteiung, desto größer konnte das Seelenheil werden.

Weil Pilger und Pilgerinnen Geldeinnahmen versprachen, wollten möglichst viele Kirchen und Klöster eine Reliquie in ihrem Besitz haben. Daraus entwickelte sich ein reger Handel mit heiligen Überresten, Körperteilen oder Gegenständen, manchmal hatten sie auch unrechtmäßig den Besitzer gewechselt. So wurde es für Kirchen und Klöster wichtig, mit einer Reliquie besonderer Qualität aufzuwarten, um möglichst viele pilgernde Gläubige und auch deren Geld an den jeweiligen Ort zu locken.

Dem Heiligen folgen

Pilgerreisen aufgrund von Gelübden waren ebenfalls sehr häufig: wegen einer Rettung aus Krankheit und Not oder der Erfüllung eines Herzenswunsches war es den Menschen ein tiefes Bedürfnis, sich bei den angeflehten Heiligen zu bedanken und sich deshalb zu diesen besonderen Orten aufzumachen. Straftäter zum Bußgang zu verurteilen hatte den Vorteil, dass sie erst einmal aus der Gegend fort waren und dieses »Gesindel« zumindest vor Ort kein weiteres Unheil anrichten konnte. Auch Auftragspilger soll es gegeben haben: Manche reichen Menschen, die sich für ihre Seele Besserung versprachen, bezahlten Arme dafür, dass sie an ihrer Statt die Pilgerreise absolvierten. Ob das Stellvertreterpilgern half? Jedenfalls werden auch heute noch Pilgerinnen und Pilger gebeten, am Pilgerziel für einen anderen Menschen eine Kerze zu entzünden oder ein Gebet zu sprechen, das an diesem besonderen Ort eine besondere Wirkung verheißen mag.

In jedem Fall war dieser Weg ein riskantes Vorhaben, denn man war schließlich zu Fuß unterwegs. Kaum jemand aus dem gemeinen Volk konnte sich das Reisen per Pferd, Kutsche oder Schiff leisten. Auf den Wegen nach Jerusalem, Rom oder Santiago de Compostela vergingen schnell einige Monate oder gar Jahre, und die Rückkehr war ungewiss. Da die Risiken unwägbar blieben, machten angehende Pilger vor ihrer lebensgefährlichen Reise ihr Testament, sie beglichen ihre Schulden, ordneten ihre Beziehungen. Schließlich bekamen sie von der örtlichen Geistlichkeit einen Geleitbrief ausgestellt, der die Reisenden als Pilger auswies und ihnen die nötige Unterstützung von Menschen am Wegesrand angedeihen lassen sollte. Aus diesem Dokument wurde später der abgestempelte oder abgezeichnete Nachweis, die beabsichtigte Pilgerreise auch wirklich absolviert zu haben und am Ziel angekommen zu sein.

Im 9. Jahrhundert, 812 nach Christus, sagt man, will der Einsiedler Pelagius am nordwestlichen Zipfel Spaniens dank einer Sternenerscheinung das Grab eines berühmten Heiligen entdeckt haben. Der Apostel Jakobus selbst, also ein

leibhaftiger Jünger Jesu, soll dort begraben liegen. Nach Begutachtung der Knochen durch den ortsansässigen Bischof Theodemir erklärte jener den Fund für glaubhaft und bestätigte die Heiligkeit der Gebeine. Damit bekamen Jerusalem und Rom als Pilgerziele echte Konkurrenz. Die Legende dazu lautet so: Nach Jesu Tod teilten die Jünger die damals bekannte Welt in Missionsgebiete auf, in denen sie wirken wollten. Jakobus der Ältere bekam Spanien zugeteilt, sollte dort predigen und Menschen für das Christentum begeistern. Besonders erfolgreich schien er dabei jedoch nicht gewesen zu sein. Es heißt, ganze zwei Jüngern bekannten sich zu ihm und dem christlichen Glauben. Als Jakobus nach Jerusalem zurückkehrte, soll er als erster christlicher Märtyrer hingerichtet worden sein. Seine beiden Jünger nahmen den Leichnam und verschifften ihn zurück nach Nordspanien. Dort ist der Sarg mit den Gebeinen des Jakobus in der Nähe der Stadt Padrón auf rätselhafte Weise angelangt. Das Schiff war bei seiner Ankunft über und über mit Jakobsmuscheln bedeckt gewesen – so lautet einer der wunderbaren Ursprünge des Symbols der Jakobsmuschel. Nicht weit von diesem Ort wurde der Leichnam des Apostels Jakobus schließlich begraben. So weit die Legende.

Dass Pelagius etwa 750 Jahre später dieses Grab wiederentdeckte, traf sich kirchenpolitisch hervorragend. Denn just in dieser Zeit war die iberische Halbinsel von Süden her von den Mauren, den Muslimen Nordafrikas, bewohnt – aus christlicher Sicht: besetzt. Ein unhaltbarer Zustand!, entschied man. Gläubige Christen mussten her, in möglichst großer Zahl, Pilger, dazu Ritter, die deren Weg in Nordspanien sichern und schützen sollten. So konnte man das Christentum präsent halten und gleichzeitig die Rückeroberung starten. Da passte es gut ins Konzept, dass ein Grab eines echten Jüngers Jesu entdeckt wurde. Ein paar Jahre später war schon der erste »Promi-Pilger«, Alfonso II., König von Asturien, auf dem Weg, ihm folgten unzählige Pilgerinnen und Pilger aus den genannten Gründen. Kein Wunder, denn der Gang zu den Gebeinen eines leibhaftigen Jüngers Jesu versprach praktisch den direkten Einzug ins Himmelreich, ohne Umweg über die Hölle und ohne jahrelanges Fegefeuer erleiden zu müssen.

Der heilige Jakobus – spanisch: San Tiago, also Santiago – wirkte, so heißt es, bei so einer steilen Karriere auch aktiv mit: bei den Rückeroberungsschlachten zwischen Christen und Mauren wurde er zum prominenten Mitkämpfer auserkoren und soll bei verschiedenen Schlachten Sieg bringend mitgewirkt haben. Dieser Facette der Jakobusfigur, des sogenannten *Matamorus,* des Maurentöters, wurde lebhaft mit großen Festen gedacht.

Noch heute gibt es in vielen Jakobuskirchen Spaniens entsprechende, politisch völlig unkorrekte Darstellungen eines Schwert schwingenden Jakobus auf weißem Pferd, auf orientalisch anmutende Unterlegene einschlagend. In der Kathedrale von Santiago de Compostela werden die maurischen Figuren zu Füßen des reitenden Jakobus schamhaft von Blumenschmuck verdeckt – es könnte ja sonst zu heiklen Verwicklungen mit dem Islam kommen.

Mit diesem *Matamorus*-Jakobus haben die Pilgerinnen und Pilger, die sich heute auf einen der vielen Jakobswege machen, wenig im Sinn, und auch die meisten Jakobusdarstellungen kommen deutlich sympathischer daher. Noch heute gehört es zu einer der beliebtesten Rituale in der Kathedrale von Santiago de Compostela, eine freundlich dreinschauende, metallene Statue des Jakobus über dem Altar zu umarmen und der darunter befindlichen Schmuckkiste, in der sich die Gebeine befinden sollen, also dem vermeintlichen Grab selbst die Ehre zu erweisen.

Aber schon seit der Reformation und der schmähenden Worte Martin Luthers über Santiago de Compostela – »Lass gehen dorthin, wer mag, du bleib daheim, denn keiner weiß, ob dort ein Jakobus oder die Knochen eines toten Hundes oder Pferdes begraben liegen« – war die Pilgerreise nicht mehr in dieser Weise populär. Denn sich durch Buße, gute Taten und Ablasszahlungen den Weg in den Himmel zu erhandeln, war nach der neuen reformatorischen Theologie völlig unnütz. Heil versprach nach der neuen Lehre allein der Glaube, nicht entsprechende Bußtat.

Auch die katholische Kirche favorisierte wieder eher kürzere Wallfahrten zu lokalen heiligen Orten, denn mit einer Prozession betender und singender Menschen ist leichter umzugehen als mit jenen Pilgern und Pilgerinnen, die aus der Ferne zurückkamen. Sie waren dann, sofern sie die Reise überlebt hatten, weitgereist und weltoffen – das hieß oft auch, der örtlichen geistlichen Obrigkeit eher widerborstig zu begegnen. So geriet das große Pilgern ab dem 16. Jahrhundert immer mehr aus der Mode.

Pilgern heute: spirituelles Wandern

Das änderte sich in der zweiten Hälfte des 20. Jahrhunderts. Seit den 1980er-Jahren geriet vor allem der berühmteste Teil des Jakobswegenetzes wieder in den Blick. Pilger und Pilgerinnen machten sich auf zur Kathedrale über dem vermuteten Grab des Jakobus in Santiago de Compostela. Viele brachen zu Hause auf, andere reisten zu traditionellen Knotenpunkten des Jakobswegenetzes, um ihren Weg dort zu beginnen. Die Pilgerinnen und Pilger der Neuzeit fühlten sich zwar auch vom berühmten Ziel angezogen, aber sie merkten doch, dass auch Entscheidendes auf dem Weg passiert, wenn man sich zu einer spirituellen Wanderung aufmacht. Das Wort »Der Weg ist das Ziel« spiegelt die Beobachtung wider, dass heutzutage bei einer mehrwöchigen Reise in den Tagen des Unterwegsseins Wichtigeres geschieht als beim verhältnismäßig kurzen Ankommen. Natürlich war das Ziel auch weiterhin wichtig, denn ohne den besonderen Ort gäbe es den konzentrierten Weg nicht. Aber das Ankommen und auch die Bedeutung des Heiligtums waren eben nicht mehr so spektakulär wie im Mittelalter. Was auch daran liegen mag, dass die Ausgangssituation eine andere ist: Der Mensch von heute hat bereits verschiedenste Reisen hinter sich, damals kam man aus seinem Dorf kaum heraus. Die Praxis des Urlaubmachens war noch nicht erfunden. Entsprechend eng blieb für viele der Erfahrungshorizont. Heute hat man Reiseführer und Landkarten, man kennt das Ziel von Fotos und aus den Medien. Das Ankommen muss immer mit aus dritter Hand gespeisten Quellen abgeglichen werden, damals war es völlig unmittelbar. Was jedoch überraschte und bis heute immer wieder verwundert: dass auf einem Weg, den man mit einem inneren Anliegen, einer Suche, einer Sehnsucht angeht, über Tage und Wochen etwas ganz Besonderes geschieht.

Sicher gehört die Unabhängigkeit und Individualität auf Pilgerwegen, insbesondere auf Jakobswegen, zu den Gründen, die das Pilgern heute wieder so populär machen. Bewegung und körperliche Herausforderung in freier, oft schöner Natur, in Freiheit und Selbstbestimmtheit bei gleichzeitigem Gefühl von Geborgenheit in jahrtausendealter Tradition und ganz gegenwärtiger Gemeinschaft von Pilgerinnen und Pilgern machen es jährlich für rund 200 000 Menschen aus aller Welt attraktiv, am Pilgerziel Santiago de Compostela anzukommen. Wobei in dieser Zahl nur jene Pilgerinnen und Pilger eingerechnet sind, die mindestens die letzten 100 Kilometer zum Ziel nachweislich zu Fuß oder 200 Kilometer mit Pferd oder Drahtesel zurückgelegt haben. Menschen, die kürzer pilgern oder nicht das Ziel erreichen, sowie jene, die sich schlicht kein Nachweisdokument, die sogenannte *Compostela,* im Pilgerbüro von Santiago abholen, sind noch nicht eingerechnet – die »Dunkelziffer« der Pilgernden auf Jakobswegen ist also sicher doppelt so hoch.

Dem Schimmer folgen

Viele erleben den Weg als spirituell, aber nicht zu kirchlich. Das kommt dem Freiheitsbedürfnis der Menschen entgegen, die sich ihre spirituelle Welt gern selbst zusammenstellen. Der Nachteil an einer individuell kreierten Glaubenswelt mit persönlich gewichteten Werten ist, dass sie im Alltag keine Gemeinschaft, keinen sozialen Rückhalt gewährt, wie er gerade in kritischen Lebensphasen notwendig ist. Dieses Problem taucht auf den besonders stark frequentierten Jakobswegen in Frankreich oder Spanien jedoch eher nicht auf: Innerhalb weniger Tage entsteht eine Weggemeinschaft von Menschen, die unterschiedlichsten spirituellen Bedürfnissen nachgehen, die gleichzeitig Geborgenheit vermittelt, ohne einzuengen. Die verschiedenen Glaubensvorstellen werden gleich-gültig auf dem gemeinsamen Weg, verschwinden hinter den geteilten Leiden, den geteilten Freuden. Hier kann jeder er selbst, jede sie selbst bleiben und ist trotzdem in die Gemeinschaft eingebunden, die das selbe (äußere) Ziel und den gleichen Weg zu gehen hat.

Dabei ist auch das gemeinschaftliche Leben in den Herbergen ein wichtiger Faktor. Weshalb tun sich Menschen die Enge von Schlafsälen an, in denen zum Teil 8, 20 oder 90 Pilger und Pilgerinnen nächtigen, fragen ungläubig die Daheimgebliebenen. Und tatsächlich, jeder Pilger, jede Pilgerin weiß Gruselgeschichten von nächtlichen Schnarchkonzerten zu erzählen. Aber selbst dieses gemeinsame Leiden, über das man sich am nächsten Tag noch kollektiv aufregen kann, stiftet Gemeinschaft.

In den Herbergen sitzen jene Menschen, die tagsüber den Weg teilten, und schreiben Tagebuch, waschen Wäsche, pflegen sich und ihre Wunden, erholen sich von körperlichen Strapazen, planen die nächste Tagesetappe, kochen gemeinsam oder gehen auf ein Feierabendgetränk in die nächstgelegene Bar. Die Zeit in der Herberge ist eine Erholungszone, die den Einzelnen für die kommenden Herausforderungen des gemeinschaftlichen Weges stärkt. Vor allem aber: Die Menschen unterhalten sich. Tauschen sich aus auf den Wegen, in den Herbergen: Woher kommst du? Wohin gehst du? Klar, Richtung Santiago! Wie heißt du? Was treibt dich auf den Weg? Allein diese Fragen, gestellt in der offenen Pilgeratmosphäre und von Menschen, die allesamt lebenserfahren und gleichzeitig auf der Suche sind, führen zu Begegnungen, die Menschen in ihren Lebensprozessen entscheidend weiterbringen.

Liza

Ich traf Liza aus Südkalifornien. Mit Laura aus London lagen wir an diesem Abend in den Hängematten einer gemütlichen spanischen Pilgerherberge. Liza war Mitte 20, und wie sie da so lag, hätte man sie für ein blondes, oberflächliches All-American-Girl halten können. Schaute man jedoch genauer hin, sah man, dass sie ein verkrüppeltes Bein hatte, unförmig und voller Narben. »Motorradunfall«, erklärte sie, lächelte dabei, ich sah, dass sich viel Wut und Kampf dahinter versteckten. 21 Operationen hatte sie über sich ergehen lassen – das wird nicht wieder, sagten die Ärzte. Jetzt erst recht, sagte Liza. Zeit für sie, zum Pilgern aufzubrechen. Sie flog nach Pamplona mit ihrem sportlichen Gehstock, der ihr ermöglichte, zwar humpelnd, aber doch einigermaßen flüssig zu gehen. Nach einigen Tagen unterwegs lernte sie Laura und mich kennen. Wir tranken Rotwein in besagten Hängematten, bis die Hospitalera, die Herbergsmutter, um 22 Uhr die Bettruhe ausrief.

Am nächsten Morgen war Liza früh dran. Sie musste ihr Bein verbinden, ihren Fuß gut verpflastern. Anders als am

Tag zuvor wirkte sie heute nicht so zuversichtlich, mit Tränen in den Augen, die Zähne zusammengebissen, schnürte sie ihre Wanderstiefel. Ich nahm sie in den Arm, versuchte ihr Mut zuzusprechen. Sie öffnete die Herbergstür, humpelte los, trotzig – die Ärzte im Kopf, denen sie es zeigen wollte.

Ich brach später auf, traf Liza jedoch nach einigen Kilometern wieder, sie war mit Laura auf dem Weg. Heitere Stimmung nun, ich gesellte mich dazu, in langsamem Schritt scherzten und lachten wir. Bereits nach 4 Kilometern stoppten wir an einer Bar. Wir würden nicht gemeinsam weitergehen, unser Tempo war zu unterschiedlich. Bei einem Café con leche tauschten wir Kontaktdaten aus, lachten, weinten, nahmen Abschied. Liza winkte aus dem Fenster der Bar, sie würde heute hierbleiben, es ging nicht mehr. Laura zog schnell weiter, man spürte, sie wollte jetzt allein sein.

Ich ging zu einer der Kirchen des Ortes, viele Stufen führten zu ihr hinauf. Hinter dem Kirchenraum befand sich ein Kreuzgang, ein magischer Ort. Berührt und aufgewühlt von der eindrücklichen Begegnung des Abends und Morgens fand meine Seele im Säulengang rund um das samtige Grün des Rasens ein Stück Ruhe. Liza – auch ihr würde dieser Ort guttun. Und wenn sie heute wirklich hierblieb, sollte sie ihre Kräfte sammeln und sich die Stufen hinaufquälen, um an diesem besonderen Ort Energie für den weiteren Weg zu schöpfen. Aber sie wusste nichts von dieser Kirche und dem Kreuzgang. Ich musste zurück. An der Bar saß sie noch immer, sie lächelte verwundert, als sie mich sah. Als ich ihr von dem Kreuzgang vorschwärmte, kamen ihr vor Rührung die Tränen. Ich war ihretwegen zurückgekommen, um davon zu erzählen? Sie umarmte mich erneut.

Noch einmal zog es mich in den Kreuzgang, ich lehnte im Vormittagslicht an einer Säule, ein Gedanke keimte auf: Was, wenn ich nicht in meinem Tempo weiterginge? Was, wenn

Spirituelle Tankstellen am Wegesrand

ich diesmal nicht in Santiago ankommen würde, sondern die nächsten Wochen mit Liza pilgerte, sie in ihrer Mission unterstützte? Allein würde sie nicht weit kommen, und ich könnte ihr mit meiner Erfahrung sicher helfen. Heißt Pilgern nicht, seine Pläne, seine Vorhaben, Erwartungen und Wünsche beiseite zu lassen, ganz im Hier und Jetzt zu sein, auf das zu reagieren, was das Leben und der Weg gerade verlangen?

Während ich innerlich mit mir rang, mit Liza den Weg zu teilen, sah ich sie mit einer anderen jungen Pilgerin. Sie schlurften gemeinsam den Kreuzgang entlang, tauchten ein in die besondere Atmosphäre. Mir wurde klar: Liza brauchte mich nicht. Sie würde immer wieder Unterstützung bekommen, würde ihren Weg machen. Und ich den meinen.

Wandern oder Pilgern?

Gibt es einen Unterschied zwischen Wandern und Pilgern? Und braucht man zum Pilgern bestimmte Wege? Das heutige Pilgern ist spirituelles Wandern, »Wandern plus« sozusagen. Unbestritten, auch bei einer Bergtour kann man wegen der beeindruckenden Natur in spirituelle Hochgefühle geraten. Aber ist das die Absicht der meisten Wanderer, der Grund des Aufbruchs? Viele wollen schöne Natur, Bewegung, sportliche Herausforderung. Wer sich zum Pilgern aufmacht, hat jedoch in der Regel ein inneres Anliegen, will einen seelischen Prozess gestalten. Aufbrechen ist hier durchaus im doppelten Sinn gemeint: Nicht nur äußerlich, auch innerlich soll etwas aufbrechen – deshalb machen sich Pilger und Pilgerinnen auf –, eines Tages jedenfalls. Das prägt das Erleben des Weges, und das prägt vor allem die Begegnungen mit anderen.

Ich sehe vier Dimensionen der Begegnung, die beim Pilgern in besonderer Weise wirken: die Begegnung mit mir selbst, die Begegnung mit Menschen am Wegesrand, die Begegnung mit anderen auf dem Weg und, nicht zuletzt, die Begegnung mit Gott.

Menschen am Wegesrand wissen, dass jene, die dort vorüberziehen, Pilger oder Pilgerinnen sind, also mit einem inneren Anliegen unterwegs und einen Prozess durchschreitend. Pilgernde wecken bei vielen Menschen am Wegesrand die Vermutung, dass es sich dabei um einen Menschen handelt, dem sein Glaube, seine Spiritualität wichtig sind. Durch diese Annahme ergeben sich oft ganz erstaunliche Gespräche. Auf einer Bank rastend wurde ich bereits mit ehrlichem Interesse gefragt: »Sie pilgern – dann glauben Sie also auch an Gott?« Wer würde sich im normalen Leben trauen, einen fremden Menschen so anzusprechen? Ein anderes Beispiel: Eines Morgens in der Schweiz verlasse ich einen Supermarkt, in dem ich mich für den Tag versorgt habe. Ein Passant sieht meinen Pilgerstab, eine Muschel am Rucksack und fragt: »So, sind Sie auf dem Jakobsweg? Darf ich Sie segnen?« Ich bin gerührt, nicke, und bekomme ein Kreuz auf die Stirn gezeichnet, dazu ein segnendes Wort. So gestärkt fliege ich fast in den Pilgertag hinein. Auf einer normalen Wanderung ist mir so etwas noch nie passiert.

Immer wieder stellen Menschen handgeschriebene Schilder auf, die anzeigen, wie viele Kilometer es noch bis Santiago de Compostela sind, manchmal werden Sitzbänke hingestellt, kleine Tische mit einer Blumenvase geschmückt, für Pilgernde steht ein Krug mit Wasser bereit, und vielleicht liegt ein kleines Büchlein dabei, in das man einen Dank oder Gruß hineinschreiben kann.

Hilfsbereitschaft und Gastfreundschaft werden unerwartet geschenkt, Glücks- und Segenswünsche mit auf den Weg gegeben. Eine eindrückliche Erfahrung, die man an eingeführten und von den Menschen anerkannten Pilgerwegen machen kann.

Nimm Platz und stärke dich!

Gleichzeitig begegnet die Pilgerin, der Pilger anderen Menschen, die auch auf dem Weg sind. Fast alle befinden sich in einer Sondersituation ihres Lebens. Das öffnet und führt schon bald zu intensiven Gesprächen über Wesentliches. Freilich kann dies auch auf anderen Wegen geschehen, nur ist die Wahrscheinlichkeit auf einem Pilgerweg deutlich höher, weil man davon ausgehen kann, dass bei allen Beteiligten Offenheit vorhanden ist, über sich und das Leben zu sprechen. So wird der Weg geteilt und noch anderes, was das tägliche Leben ausmacht: das Essen am großen Herbergstisch, der Schlaf im Mehrbettzimmer und der Glauben in (hoffentlich geöffneten) Kirchen am Weg. So entsteht Gemeinschaft, die innig ist und trotzdem sehr unverbindlich sein kann, da nie sicher ist, ob man sich nach dem nächsten Wegstück nicht schon wieder trennt. Diese Flüchtigkeit lässt den Augenblick noch wertvoller erscheinen. Solche Begegnungen, solches Teilen geschieht am einfachsten, wenn man allein pilgert. Die Hemmungen, einen anderen Menschen anzusprechen, sind deutlich geringer, man ist leichter aufeinander bezogen, als wenn man sich mit seinen bereits vertrauten Bezugsmenschen auf den Weg macht.

Ist man nun allein, also für sich auf dem Weg, ist die nächste Begegnungsdimension nicht zu vermeiden: jene mit sich selbst. Mit seinem eigenen Wesen, mit den eigenen Bedürfnissen, Grenzen, Freuden, Nöten, Launen. Man kann seinen eigenen Rhythmus am besten finden, wenn man nicht durch den Rhythmus der anderen abgelenkt wird. In vielen Stunden und Tagen des Pilgerns – durch die Reduktion auf das Gehen hat man überraschend viel Zeit für sich – kann man zu erstaunlicher Selbsterkenntnis gelangen. »Aha, so bin ich also«, stellt der oder die Gehende fest. Und kann sich nun mit dieser neuen Sicht auf sich selbst entscheiden, ob er oder sie auch so bleiben oder sich verändern will, denn man befindet sich ja gerade im Fluss: Hier lässt sich eine Richtungsänderung leichter bewerkstelligen, als wenn man zu Hause sitzen bleibt.

Menschen am Weg, Mitpilger, man selbst – die unscheinbarste, aber vielleicht bedeutendste Begegnung, die dem achtsamen spirituellen Wanderer widerfahren mag, ist jene mit Gott. Der jüdisch-christliche Gott ist einer, der mit jenen, die an ihn glauben, mitzieht, sie begleitet, davon waren schon die alten Israeliten überzeugt. Ich glaube, es tut diesem Gott gut, wenn er sich mal wieder mit mir auf den Weg machen kann. Und mich in all diesen Begegnungen – mit der Natur, mit den Menschen am Weg, den anderen Pilgern und mit mir selbst – begleiten kann. Dieser mitpilgernde Gott freut sich mit mir über die Blumen, die Bäume und den Wind. Er leidet mit mir unter den Blasen, Knieschmerzen, dem Rucksack und allen inneren Schmerzen, die nicht einfach enden, wenn Pilgerfeierabend ist. Dieser Gott schafft jenes Leiden nicht, das uns trifft und manchmal niederschmettert, auch nicht die Freude, die uns erhöht. Aber er ist zuverlässig da, wenn ich ihn brauche, wenn ich allein nicht mehr weiter weiß, wenn ich staune und mich wundere über die Welt und wenn ich jubele vor Glück, wenn wir, Gott und ich, an unserem Ziel angekommen sind.

(Sie können mit so einem Bild von Gott wenig anfangen, weil Ihres so ganz anders ist? Macht nichts, womöglich begegnen wir uns ja mal unterwegs, dann erzähle ich Ihnen mehr davon – und Sie zeigen mir vielleicht etwas von Ihren Gottesvorstellungen …)

Gründe, sich heute aufzumachen

Kommt man im Pilgerbüro in Santiago an, um seine *Compostela* – also die Urkunde, die das Erreichen der Kathedrale von Santiago nach mindestens 100 Kilometern des Pilgerns dokumentiert – abzuholen, wird man gefragt, ob man aus religiösen, spirituellen, kulturellen, sportlichen oder aus anderen Gründen aufgebrochen ist. Die Frage zielt auf die Anfangssituation. Das ist klug, denn die Anlässe, aus denen sich Menschen auf den Weg machen, sind sehr unterschiedlich – in Santiago kommen sie jedoch alle als Pilger oder Pilgerin an. Das trifft auf fast alle Menschen zu, denn nahezu jede und jeder macht auf einem mehrwöchigen Pilgerweg besondere, oft spirituelle Erfahrungen, die ihn oder sie grundsätzlich verändert zurückkehren lassen.

Wenn man mit Pilgerinnen und Pilgern spricht, bringt jede und jeder eine eigene Motivation, eine eigene Geschichte mit. Schaut man hinter die Details, fallen jedoch einige Lebenssituationen immer wieder auf, die sich grob folgenden Oberbegriffen zuordnen lassen: Beruf, Beziehung, Gesundheit, Spiritualität / Sinnsuche. Wobei Vermischungen eher üblich sind, weil der Mensch nicht monokausal ist. In all diesen Bereichen gibt es Umbrüche und wiederum verschiedene Phasen, die zum Pilgern anregen können:

Vorher

Zunächst spürt man Unzufriedenheit oder eben Sehnsucht. Die Situation ist so, dass man nicht mehr lange mit ihr weiterleben möchte oder kann. Man hat aber noch nicht die Kraft oder auch noch keine konkrete Idee für den Weg der Veränderung oder auch noch kein klares Ziel. Hier hilft Pilgern, um mit Abstand auf die Situation zu schauen und sich darüber klar zu werden, ob man wirklich etwas ändern will, und wenn ja, was. Vielleicht schlummert auch schon ein mehr oder weniger konkretes Kraftbild der Sehnsucht in einem, das in die Veränderung ruft.

Mittendrin

Manche pilgern mitten im Änderungsprozess oder in der Krise. Sie haben den alten Zustand bereits verlassen, sehen aber noch nicht das Licht am Ende. Ihnen hilft, beim Pilgern Klarheit zu gewinnen und Kraft zu schöpfen. Und auf andere zu treffen, die entweder in der gleichen Situation stecken oder auch schon weiter sind, den Umbruch bereits gestaltet haben.

Danach

Einige brechen auf, nachdem sie ihr Leben neu geordnet haben. Sie haben die Krise, den Umbruch, die Krankheit überwunden, sind dankbar und versuchen während des Pilgerns einen Abschluss zu finden, die Lebensphase zu ordnen und »rund« zu machen.

Viel später und immer wieder

Es kann jedoch auch sein, dass man auf Wiederholungspilger trifft. Er oder sie hat jenen Lebensumbruch, der damals Beine gemacht hat, lange hinter sich und sucht beim Pilgern keine Lebenswende mehr. Er oder sie ist unterwegs, weil der Pilgervirus immer antreibt und weil die Pilgeratmosphäre als bereichernd und heilsam empfunden wurde. Will man mit diesem Menschen auf einem Pilgerweg in einen vertieften Austausch über Lebensübergänge gehen, dann sollte man danach fragen, welches der ursprüngliche Grund für das Aufbrechen zum Pilgern war.

Und dann gibt es noch eine andere Art von Wiederholungspilger: jene, die ihr »normales« Leben ohne eine jährliche Portion Pilgern gar nicht mehr aushalten. Zeitweilig kann Pilgern wirklich eine Kompensation von sonst unerträglichen Umständen sein, aber langfristig sei doch angeraten, die schädigenden Lebensumstände zu verändern, statt sich von einer Pilgerinsel auf die andere zu retten.

Die einzelnen Themenbereiche sind vielfältig und facetten-reich. Hier habe ich die wichtigsten Lebensthemen, die mir bei Begegnungen mit Pilgerinnen und Pilgern auf über 10 000 Kilometern Pilgerweg aufgefallen sind, aufgeführt:

Beruf

Zwischen Schule, Studium, Beruf stehen junge Pilger und Pilgerinnen – voller Lebensenergie, aber noch unsicher, welcher Entwicklungsschritt der richtige sein könnte. Auch bereits eingeschlagene Ausbildungswege werden immer wieder überprüft. In Begegnungen auf dem Weg hoffen sie auf Klarheit, Inspiration. Damit verbunden ist aber auch der Reiz von Freiheit, Entfaltung mit der Aussicht auf einen relativ preiswerten Urlaub. Dass die spanische Urkunde *Compostela,* die beweist, dass man den *Camino* gegangen ist, den Bewerbungsunterlagen junger Spanier und Spanierinnen mehr Glanz verleiht, weil sie Durchhaltevermögen attestiert, ist ein attraktiver Nebeneffekt, der sich auch in Personalabteilungen anderer Länder herumsprechen wird.

Ob freiwillig oder nicht, viele Menschen gestalten ihren beruflichen Weg vielfältig. Ob man sich innerhalb einer Branche umorientiert oder einen kompletten Wechsel vor sich hat, die Zeit der Neuorientierung ist wichtig, weil sie Mut macht und zu Visionen verhilft. Oft trifft man Pilgerinnen und Pilger, die arbeitslos wurden und nun schauen müssen, wie sie ihr berufliches Leben neu gestalten wollen. Meist ist es nicht mit dem Schreiben von Bewerbungen getan. Noch öfter trifft man jedoch auch Menschen, die in ihrem Beruf nicht glücklich sind und auf dem Weg erwägen, etwas zu ändern und dem Herzen oder den Fähigkeiten zu folgen, statt den Beruf weiter auszuüben, in den man aus unterschiedlichen Gründen hineingeraten ist. Manche schöpfen beim Pilgern den Mut, wirklich zu wechseln. Andere bekommen die Kraft, wenigstens einmal auszuprobieren, wie es wäre, das Hobby zum Beruf zu machen. Was bei manchen dazu führt, dass sie tatsächlich bei der neuen Aufgabe bleiben, bei anderen dazu, dass sie zufriedener in die alte Aufgabe zurückkehren, weil sie merken, dass das Hobby, die Leidenschaft oder künstlerische Begabung sich verändert und ihren Reiz verliert, wenn sie zur Pflicht wird und man auch wirtschaftlich von ihr leben muss.

Für viele Frauen (aber nicht nur!) stellt sich die Frage, wie sie nach der Familienphase wieder ins Arbeitsleben einsteigen. Soll es die alte Tätigkeit sein? Wie geht man mit den Entwicklungen um, die sich in der Branche inzwischen getan haben? Habe ich Fähigkeiten gewonnen, die ich nützlich einbringen kann? Muss ich mich fortbilden? Ergibt das noch Sinn oder ist der Zug bereits abgefahren? Birgt diese Entwicklung vielleicht neue Chancen? Oder soll es ohnehin eine ganz andere Aufgabe sein, die ich erfüllen möchte? Über all diese Themen denken viele beim Pilgern nach und bekommen horizonterweiternde Impulse.

Nicht stören, Pilger kommt zu sich

Für viele Männer (aber nicht nur!) stellt sich die Frage, wie sie den Übergang von der aktiven beruflichen Lebensphase in die Zeit des sogenannten Ruhestandes gestalten. Immer wieder trifft man Pilger, die wegen des frei gewordenen Zeitbudgets den ganzen Weg von zu Hause nach Santiago gehen. Für sie geht es darum, das Alte zu würdigen und gegebenenfalls aufzuräumen. Gleichzeitig wendet sich der Blick nach vorn: Was soll jetzt wichtig werden, wenn die Sinnfrage, die viele über den Beruf geklärt haben, nun wieder auftaucht? Welche Visionen und Träume gibt es? Wie müssen Beziehungen jetzt gestaltet werden? Wie reagiere ich auf die Veränderungen meines Körpers? Und wie strukturiert man überhaupt das weite Land des Ruhestandes, das nun verlockend oder auch unerbittlich wartet?

Beziehung

Wer nicht in einer Paarbeziehung lebt, das jedoch ändern möchte, kann sich getrost aufmachen zum Pilgern. Er oder sie wird zahlreiche Menschen kennenlernen, die prinzipiell offen für Veränderung sind, und das schließt oft auch das Verlieben in einen anderen Menschen mit ein. Allerdings sei vor dem Pilgern und den Jakobswegen als Heiratsmarkt gewarnt: Man befindet sich in einer Ausnahmesituation. Ob die geknüpften Kontakte auch der heimatlichen Konfrontation standhalten, ist fraglich. Insgesamt wird das Pilgern als Flirtgelegenheit oft überbewertet. Weder Frau noch Mann muss sich sorgen, auf Pilgerwegen dauernd angemacht zu werden – auch wenn das natürlich hier und dort passieren kann.

Menschen, die sich grade frisch für eine Partnerschaft entscheiden, sind seltener auf Pilgerwegen anzutreffen. Vermutlich liegt das an der anstehenden Dynamik: Als Paar, das nach Zweisamkeit strebt, sucht man weniger die gemeinschaftliche Situation in Pilgerherbergen, die wenig Platz für Intimität lässt. Manche behaupten aber auch, so ein gemeinsamer Jakobsweg sei ein wunderbarer Beziehungsprüfstein: Wer das herausfordernde Pilgergeschehen gemeinsam bewältigt, kann getrost heiraten. Ab und an trifft man auch auf Pilgerpaare, die auf Hochzeitsreise sind. Sie haben sich meist selbst auf dem Pilgerweg kennengelernt und lieben gelernt und können sich für ihre Flitterwochen nichts Besseres vorstellen, als sich wieder auf einen Weg zu machen.

Paare dagegen, die sich gerade auf dem unzweifelhaft spannenden Weg befinden, sich den Wunsch nach Nachwuchs zu erfüllen, werden seltener mehrere Wochen fern der Heimat und ohne Privatsphäre sein wollen.

Frauen und Männer, die mit ihrer Partnerschaft oder Familiensituation nicht zufrieden sind, trifft man häufiger auf Pilgerwegen. Eine Beziehung durchläuft verschiedene Phasen, Zeiten, in denen sich äußerlich oder innerlich etwas verändert. Wie soll es mit dem Partner oder der Partnerin weitergehen? Sich durchbeißen oder trennen? Manche meinen, dass es sich heutzutage viele Paare mit dieser Entscheidung zu leicht machen. Einige jedoch gehen länger schwanger mit so einer Entscheidung, zum Beispiel auf einem Pilgerweg. Die bisherige Beziehungsentscheidung steht auf dem Prüfstand und soll, mit etwas Abstand, neu bewertet werden. Gleich, ob sich ein Paar in so einer Situation gemeinsam auf den Weg macht, oder nur der Partner, der mehr Leidensdruck und damit mehr Veränderungsmotivation hat: Das Pilgern wird das Beziehungsgeschehen in den meisten Fällen ordentlich durcheinanderwirbeln. Nicht selten kommt es in der Folge auch zu Trennungen.

Wohin will dein Herz?

Ist das Pilgern deshalb ein Beziehungskiller? Ich würde vielmehr sagen, es ist ein Beschleuniger jener Prozesse, die ohnehin geschehen würden. So gesehen ist ein echtes, durch Pilgern erneuertes »Ja« oder eben auch ein »Nein« zu einer Beziehung Gold wert, weil dadurch Offenheit für die nächsten Schritte entsteht.

Eine Beziehung hinter sich zu haben, gleich, ob man sie selbst beendet hat oder ob man verlassen wurde, ist ebenfalls ein häufiger, guter Anlass, sich zum Pilgern aufzumachen. Das Vergangene soll sortiert, Schmerz nachgespürt und überwunden werden. Viele richten sich zunächst auf eine Zeit des Alleinseins ein, auch dabei verhilft das Pilgern zum nötigen Selbstbewusstsein. Bevor die Sehnsucht nach einer neuen, diesmal gelingenden Beziehung aufkommt, ist es gut, die »Altlasten« ordnungsgemäß zu entsorgen, die Wunden gut zu verbinden, um dann, ausgeheilt, das Herz wieder öffnen zu können für einen neuen wunderbaren Menschen.

Das gilt ebenfalls für jene, die einen geliebten Menschen durch Tod verloren haben: Für sie ist besonders wichtig, sich für diese schmerzhafte, aber wichtige Lebensphase Zeit zu nehmen. In der ersten Zeit der Trauer ist Pilgern oft nicht möglich, denn die körperlichen und seelischen Kräfte werden anderweitig gebraucht. Aber nach einigen Monaten oder Jahren kann es hilfreich sein, inneren Verkrustungen vorzubeugen und sich zu öffnen, um Trauer auch als positiv wirkende Lebensenergie wahrzunehmen. Welche besondere Aufgabe das Pilgern dabei übernehmen kann, wird an anderer Stelle ausführlich erläutert.

Gesundheit

Nicht wenige suchen ihr Heil im Pilgern, wenn sie ihr tägliches Leben überfordert. Manche machen sich mit der Diagnose Burnout auf den Weg, andere spüren schon früher, dass

Jeder Schritt ist ein Sieg

es so nicht weitergehen kann: mit den unzählbaren Kontakten, der immerwährenden Erreichbarkeit auf unterschiedlichen Ebenen, der Geschwindigkeit, mit der Dinge erledigt werden müssen, mit den vielfältigen Erwartungen, die in unterschiedlichen Rollen an einen gestellt werden. Bisher schon war es für Menschen eine gute Möglichkeit, eine Auszeit zu nehmen und ins Kloster zu gehen. Die klaren Abläufe, Strukturen und Rituale können helfen. Aber es gibt auch die anderen, die eher Bewegung, Freiheit, flexible Tageseinteilung schätzen, ohne dabei ganz allein bleiben zu wollen. Viele probieren daher das Pilgern aus, einige stellen allerdings auch hier, weil sie es gewohnt sind, den Leistungsaspekt in den Vordergrund. Aber schon bald wird klar, dass man, um die Wirkung des Pilgerns zu erleben, Anforderung und Druck beiseite lassen muss. Erst mit Zeit kann sich diese Übung entfalten.

Anders sieht es für Menschen aus, die sich mit einer lebensbedrohenden Krankheit auseinandersetzen müssen. Nach der

Diagnose bleibt unter Umständen nur noch wenig Zeit, das Leben in Ordnung zu bringen. Die Sehnsucht nach Wesentlichem im Leben kann groß werden. Manche finden im Aussteigen auf Zeit, im Pilgern eine Form, die ihnen hilft, die möglicherweise knapp werdende Lebenszeit zu nutzen. Kurt Peipe hat diesen Prozess beschrieben: Nach seiner Darmkrebsdiagnose pilgerte er aus dem Norden Deutschlands nach Rom. Dabei übertraf er gar die Lebenserwartung, die ihm die Ärzte gaben.

Viele andere überleben und spüren eine tiefe Dankbarkeit. Eine Form, diese auszudrücken, ist heute wie im Mittelalter, sich auf einen Pilgerweg zu machen. Trifft man auf solche Menschen, die eine Krankheit überwunden haben, kann man sich glücklich schätzen, denn ihre Dankbarkeit ist ansteckend und ihr Versuch, das Leben wesentlicher zu gestalten, kann mit wertvollen Beispielen anregen.

Suche nach Gott

Menschen, die heute nach Gott fragen, tun das nicht unbedingt in den traditionellen Religionen. Viele hatten zwar Berührung mit dem Christentum, sind getauft und vielleicht konfirmiert oder gefirmt. Aber ihnen sind nicht die Menschen begegnet, die ein lebendiges und attraktives Bild des Christentums vermitteln konnten. Andere haben vielmehr sehr unangenehme oder gar verletzende Erfahrungen mit dem christlichen »Bodenpersonal« gemacht und sich deshalb abgewandt. Manche suchen dann in anderen Religionen, haben aber nicht immer die Rückbindung gefunden, die wichtig gewesen wäre. Beispielsweise hat die Idee des Buddhismus, der das irdische Leben als immer wiederkehrendes Leiden versteht, sich für viele Mitteleuropäer doch nicht als weiterführend erwiesen.

Andere suchen auf dem vielfältigen Markt der Spiritualität und finden dort neben allerlei Seltsamem auch viel Hilf-reiches. Allerdings müssen sie sich ihr spirituelles Gebäude meist selbst zusammenzimmern, was bedeutet, dass sie gerade in schwierigen Phasen des Lebens keine sozialen Anker in ihrem spirituellen Umfeld finden.

Für viele Menschen mit diesem Hintergrund ist das Pilgern, zumal auf Jakobswegen, eine besondere Art, wieder mit einer ganz eigenen Spiritualität in Verbindung zu kommen und dennoch gleichzeitig die Erfahrung zu machen, dass es auf den Wegen eine tiefe Gemeinschaft gibt, die tragend ist. Für den spirituell suchenden Menschen, besonders jenen, der eher weniger mit dem äußerlich ruhigen Weg der Meditation oder Kontemplation anfangen kann, ist das aktive Pilgern eine veritable Alternative, seine Suche zu gestalten.

Aber es sind lange nicht alle Menschen auf Pilgerwegen spirituell suchend, manche sind sehr in ihrem Glauben gefestigt und fühlen sich von ihrer Religion und ihrem Gottesbild getragen. Sie erleben einen mitreisenden Gott, der sie in Freude und Glück, aber auch in Leid und Not begleitet. Diese Menschen bringen auch heute noch oft ähnliche Motivationen für ihre Pilgerschaft mit, wie sie bereits im Mittelalter wichtig waren: Bitte und Dank, Versprechen und Gelübde, Hoffnung auf Sündenvergebung. Man weiß ja nie, ob man an der Himmelspforte oder auf der Seelenwaage seine *Compostela* vielleicht gewinnbringend vorlegen könnte.

Suche nach sich selbst

Viel mehr als die Frage nach Gott beschäftigt viele Pilgernde die Frage nach sich selbst. Wer bin ich denn eigentlich? Wenn alles Alltägliche abfällt, die Erwartungen und Rollen, die mein Handeln bestimmen, beiseite bleiben: Wer bin ich dann? Diese Frage ist am besten mit Abstand zum Gewohnten zu beantworten, deshalb: Weg von zu Hause, rauf auf den Weg.

Jeder Morgen birgt eine neue Aufgabe

Die meisten gewinnen dabei erstaunliche Erkenntnisse – über sich und über die Menschen um sie herum.

Gerade in der Mitte des Lebens, wo auch immer diese liegen mag, kommen Menschen Zweifel und Sinnfragen. Kein Wunder, wenn man beispielsweise Richard Rohr folgt, der behauptet: In der ersten Hälfte des Lebens sind wir damit beschäftigt, ein Gefäß zu erschaffen. Die zweite Hälfte ist dann dazu da, das Gefäß zu füllen. Aber womit? Einige basteln viel zu lang an ihrem Gefäß herum, weil sie auf diese Frage keine Antwort wissen und die Suche danach schwer erscheint. Viele Pilgernde haben entschieden, sich auf die Suche nach dem zu machen, womit sie ihr Gefäß füllen wollen.

Selbstvergewisserung und biografische Deutung

Weil Leben so vielfältig und vielgestaltig ist, gibt es ein großes Bedürfnis, das Geschehene und Erlebte in einen Sinnzusammenhang zu bringen. Dazu eignet sich aus der Sicht vieler Pilgerbegeisterter die Zeit auf dem Weg. Oft jedoch gibt es einen Anlass für das Bedürfnis nach Lebensbilanz: Eine Schnittstelle des Lebens ist meist der Hintergrund. Auch deshalb sind Gespräche mit Pilgerinnen und Pilgern so spannend, sie sind nicht selten von Einsicht und Weisheit geprägt. Das Bedürfnis nach Selbstversicherung kann auf dem Weg und nach der Rückkehr in besonderer Weise gestillt werden.

Mit der Selbstvergewisserung eng verbunden ist das Pilgern aus dem Bedürfnis der Entscheidungsfindung heraus. »Nachdenken braucht Zeit, Entscheiden braucht Mut«, sagt ein Sprichwort. Sowohl die Zeit des Nachdenkens, des Abwägens von Für und Wider, von Vor- und Nachteilen, als auch der wachsende Mut, tatsächlich eine Entscheidung zu wagen, hat Platz beim Pilgern.

Generationenverständigung

Immer wieder trifft man auf Pilgerwegen Vater und Sohn, Mutter und Tochter, Vater und Tochter oder Mutter und Sohn. Auch wenn diese ungewöhnlichen Pilgerformationen Sprengkraft bergen, entwickelt sich unterwegs ein ganz neues Verständnis voneinander, weil man die alten Rollen und Vorstellungen, die zu Hause lebendig sind, unterwegs nicht aufrecht erhalten kann. Das kann zu Spannungen führen, aber es ist andererseits eine wunderbare Gelegenheit, Beziehungen über die Generationen hinweg aufzuräumen und neu zu gestalten. Doch selbst wenn ein gemeinsamer Weg der Generationen oft aus den verschiedensten Gründen nicht möglich ist, trifft man eine ganze Reihe Pilgerinnen und Pilger, die sich gerade auf diese Weise auch ohne die physische Gegenwart der Mutter oder des Vaters darum bemühen, ihre Beziehung zu diesen zu klären, aufzuräumen und in Ordnung zu bringen.

Initiation

Einen Aufschwung erlebt das Pilgern vor allem in Spanien durch gerade junge Pilgerinnen und Pilger aus aller Welt. Oberflächlich betrachtet suchen sie nach einer günstigen Urlaubsmöglichkeit, sportlich, erlebnisreich. Man lernt eine Menge netter Menschen kennen. Fragt man nach ihren Motiven, ist auch für viele junge Pilgernde der Weg so etwas wie ein Initiationsweg, ein Ritual also, das den Übergang vom Jugendlichen zum Erwachsenen kennzeichnet. Traditionelle Initiationsrituale leben davon, Jugendliche eine Zeitlang aus ihrem gewohnten Umfeld zu holen, sie mit einer besonderen Situation zu konfrontieren, in der sie sich bewähren müssen und die meist nicht ohne Verletzung auskommt. Kehren die Jugendlichen zurück, sind sie Teil der erwachsenen Gesellschaft, sie sind zum Mann, zur Frau geworden. Beobachtet man die jungen Pilgerinnen und Pilger, geschieht mit ihnen auf Jakobswegen oft genau dieses: Sie verlassen ihr gewohntes Umfeld und müssen auf sich selbst gestellt eine Herausforderung bewältigen. Das geht nicht ohne Anstrengung und Schmerz, aber gerade deshalb kehren junge Pilgernde voller Stolz in ihr altes Umfeld zurück. Sie sind nicht mehr die, als die sie gegangen sind: Aus ihnen sind junge Erwachsene geworden.

Weil manchen Menschen in der Zeit ihres Erwachsenwerdens ein Initiationsritual gefehlt hat, kann der Pilgerweg auch noch viel später in ihrem Leben eine initiierende Funktion haben.

Marc

Ich traf Marc, einen Deutsch-Belgier aus Freiburg, als ich gerade vor einer spanischen Bar meinen Morgenkaffee genoss. Der junge Mann saß nebenan, las, eine selbstgedrehte Zigarette rauchend, in einem mitgenommenen Buch. Er fragte mich, ob ich auf seinen Rucksack achten könne, während er auf die Toilette wollte. Als er zurückkam, sah ich, dass er ebenso wie ich eine tätowierte Jakobsmuschel auf der Wade trug.

Natürlich sprach ich ihn darauf an, denn so oft kommt das selbst auf Jakobswegen nicht vor. Insgesamt seien es vier Jakobsmuscheln auf seinen Beinen, für jedes Mal Ankommen in Santiago eine. Das kam mir seltsam vor, denn Marc schien höchstens Anfang 20 zu sein. 19, sagte er, während er mich aus großen braunen Augen ansah. Ein hübscher Kerl, dachte ich mir, auf den fliegen die Pilgerinnen bestimmt: langes blondes Haar, gut trainiert und sonnengebräunt. Ich fragte nach, wie er es denn in seinem Alter geschafft habe, schon auf seinem fünften *Camino* zu sein. Das würde er mir auf dem Weg erzählen, versprach er … Also gingen wir die nächsten Kilometer gemeinsam.

Marc war schon mit 13 das erste Mal auf dem Pilgerweg gewesen, seine Eltern hatten ihn mitgenommen, auch mit 15 waren sie noch einmal gemeinsam auf dem *Camino Francés* unterwegs. Als er 16 war, pilgerte Marc das erste Mal allein von Burgos nach Santiago: Er verstand diesen Weg als Initiation, seinen Übergang vom Kind zum Mann. Mit 18, auf seinem 4. Weg, berichtete er, sei es schon seltsam gewesen: Er war oft der Jüngste in Pilgerrunden, aber gleichzeitig auch der mit der meisten Erfahrung. Das verwirrte die anderen Pilgernden, sie wussten nicht, ob sie auf ihn hören sollten oder nicht. Deshalb hatte er sich dann abgewöhnt, anderen Tipps und gute Ratschläge zu geben.

Auf mich wirkte Marc wie die seltene Mischung eines jugendlichen Rebellen und eines reifen jungen Mannes, der dem Leben schon eine große Portion Weisheit abgerungen hat. Deshalb wollte er auch nach der Schule ein Jahr nach Peru, um dort Englisch und Sport zu unterrichten. Und danach, ja, danach sei er wohl endlich so weit, den Weg von Freiburg nach Santiago am Stück zu gehen, erzählte er.

Was er denn diesmal auf dem Weg suche, fragte ich ihn. Im Moment befinde er sich in einem besonderen Übergang, antwortete er. Er wolle den Schamanen in sich entwickeln. Ich solle nicht lachen, weil es vielleicht komisch klänge. Aha, meinte ich neugierig. Ja, sein Vater sei ein sehr spiritueller

Mensch und gerade dabei, ihm einen Teil seiner schamanischen Kräfte weiterzugeben, meinte er weiter.

Wie er denn zum Christentum stehe, wollte ich wissen, wir seien hier ja auf einem christlich geprägten Pilgerweg. Naja, mit der Bibel habe er so seine Probleme, wegen der Widersprüche zwischen Glaube und Naturwissenschaft, antwortete Marc. Nun ja, erwiderte ich, sehr naturwissenschaftlich sei das Schamanenwesen ja auch nicht gerade. Wir lachten beide. Er bat mich, ihm etwas über die Entstehung der Welt zu erzählen, wie sie in der Bibel beschrieben ist. Ich fragte ihn, welchen Schöpfungstext er denn meine, den älteren oder den neueren. Er war überrascht, dass es überhaupt zwei verschiedene gibt. Ja, konkretisierte ich, der neuere mit der Schöpfung in sieben Tagen, wie er im ersten Kapitel der Bibel zu finden ist, oder der ältere im zweiten Kapitel, also jener mit Adam und Eva.

Marc staunte, und ich fühlte mich ermutigt, weiter etwas Theologie auf dem Weg zu pflegen. Der eine Text wurde in einer Zeit geschrieben, in der sich das israelitische Volk in Babylonischer Gefangenschaft befand. Die Kritik an den fremden Göttern verpackten die israelitischen Autoren dieses Textes in einer Art Schöpfungslied mit mehreren Strophen, in dem ihr Gott über jenen Göttern der Babylonier steht. Der andere Text ist viel älter, noch aus einer Zeit, in der das Volk Israel dem Ackerbau und der Viehzucht näher stand, und der deshalb in ursprünglichen, erdigen Bildern von der Erschaffung der Welt erzählt. Es käme bei biblischen Texten doch darauf an, zu prüfen, wer den Text für wen in welcher Zeit geschrieben habe und was der Autor oder die Autorin damit sagen wollten, meinte ich. Den Sinn, der hinter den Buchstaben stehe, müsse man erkennen und diesen dann in unsere Zeit transferieren. Man dürfe also nicht nur die Worte oberflächlich betrachten, sondern müsse immer auch dahinter schauen.

Einladung

Marc schaute mich mit erstaunten Augen an. Da lud ihn jemand ein, hinter die Oberfläche zu schauen. So erschienen ihm die alten Texte in ganz neuem Licht. Kein Pfarrer, keine Religionslehrerin hatte ihm das erklärt, obwohl sie doch dazu ausgebildet sind. Aber vielleicht hielten es viele für zu komplex, sie sorgten sich, dass diese historisch-kritische Sichtweise auf die Heilige Schrift viele Gläubige erst einmal verunsichern könnte. Nachdenklich gingen wir weiter.

An der nächsten Bar lud ich Marc zu einem erfrischenden Calimocho ein: Nachdem der Geist durch neues Denken erfrischt wurde, sollte auch der Körper in der spanischen Hitze nicht zu kurz kommen. Mit der eiskalten Mischung aus Cola und Rotwein sollten wir nun auch den Rest unseres 30-Kilometer-Tages schaffen.

Was Lebensübergänge eint

Natürlich ist jeder Lebensübergang ein eigener und ganz persönlicher, zum einen, weil jeder Mensch individuell ist, und zum anderen, weil jedes Thema verschieden gelebt und interpretiert wird. Und dennoch scheinen bestimmte Fragen, bestimmte Aufgaben in jedem dieser Übergänge zu liegen.

Dabei ist es gar nicht so wichtig, in welcher Reihenfolge diese Fragen angegangen, diese Aufgaben erledigt werden. Wichtig ist nur, dass jede Facette zu ihrem Recht kommt. Die große Menge an Zeit, die man täglich beim Pilgern auf den Wegen verbringt, ohne mit Arbeit oder Alltäglichem beschäftigt zu sein, bietet gemeinsam mit der Natur, den Menschen und dem Umfeld den Rahmen, in dem man sich den Themen nähert. Dadurch, dass alles im Gehen, in Bewegung geschieht, ist man davor gefeit, innerlich in einen Stillstand zu geraten: Gedanken und Gefühle bleiben im Fluss.

Sehnsucht

Am Anfang steht die Sehnsucht. Diese Lebensenergie gehört zu jedem Übergang, weil sie überhaupt erst möglich macht, dass etwas in Bewegung gerät. Es gibt zwei grundsätzlich unterschiedliche Dimensionen: die Sehnsucht nach dem Neuen und die Sehnsucht, dass das Alte nicht bleibt.

Beide Dimensionen haben ihre Wandelkraft: Das Neue liegt vor mir, ist vielleicht noch etwas unkonkret, aber ich ahne, wie es sich anfühlen könnte. Oder es ist im Gegenteil sehr konkret, ganz klar definiert, ich weiß genau, wohin ich möchte, was ich erreichen will. Meist ist es jedoch eine Mischung aus beidem: Im Pilgern kann es zum Beispiel die Sehnsucht nach Santiago de Compostela sein, jener besondere Ort, an dem sich so viele Energien bündeln. Ein ganz konkreter Punkt auf der Welt also, mit dem ganz unbestimmte Gefühle verbunden sind. Es lohnt sich, diesem in die Zukunft gewandten Sehnsuchtsgefühl Raum zu geben, denn es verleiht Kraft, diese Bilder, diese Gefühle in sich zu haben. Jene Kraft brauche ich, um durch einen Lebensübergang zu gehen, und auch, um einen Pilgerweg zu bewältigen.

Die zweite Sehnsuchtsdimension ist nicht ganz so stark, weil dahinter eine Verneinung steht. Ich will, dass sich etwas ändert: Wie es bisher war, halte ich mein Leben nicht mehr aus. Die Seele weiß nur, dass sie weg will, aber noch nicht, wohin. Sich aus der Ablehnung heraus auf den Weg zu machen, enthält also auch eine Sehnsucht nach Wandel, sie ist jedoch rückwärtsgewandt und birgt deshalb keine unmittelbaren Kraftbilder. In mancher Lebens- und Leidenssituation fehlt die Energie, sich ein Sehnsuchtsbild von der Zukunft zu machen, weil die Not im Alten so groß ist. Erfahrungsgemäß kann eine vorwärtsgewandte Sehnsucht in diesem Fall erst dann aufblühen, wenn ich auf dem Weg bin und mir Freiräume geschaffen habe, die nicht mehr von der Macht des Alten dominiert sind.

Welche Sehnsucht auch immer da sein mag – wenn sie einmal aufgebrochen ist, bekommt sie eine große Macht und lässt mich manche Widrigkeiten, die mich mit ziemlicher Sicherheit auf dem Weg zur Erfüllung erwarten werden, ertragen. Denn ich verlasse bei einem echten Lebensübergang ebenso wie bei einem Pilgerweg meine Komfortzone, und das fühlt sich oft nicht angenehm an. Aber wie sollen sich Grenzen sonst weiten und neue Horizonte entstehen? Wenn ich nicht an die Grenzen herantrete, sie manchmal übertrete, werde ich nie wissen, wo sie genau liegen. Und ich werde sie schon gar nicht verschieben können. Um auch meine inneren Grenzen zu verschieben, muss ich mit ihnen in Kontakt sein.

Sehnsucht ist die Kraft, die verlockt, die Kraft, die will, dass etwas anders wird im Leben. Es ist Not wendend, dieser Sehnsucht Raum zu geben.

Abschied nehmen

Neben dieser Sehnsuchtsenergie der Zukunft gehört zum Lebensübergang auch der Blick zurück, der eine Würdigung dessen darstellt, was war. Diese Würdigung hat vor allem zwei Ebenen zu berücksichtigen: die Wertschätzung dessen, was gelungen und wertvoll war, und das In-Ordnung-Bringen dessen, was schwierig und schmerzhaft, vielleicht auch missglückt ist.

Die Wertschätzung des Wertvollen bedeutet, dass ich dem Raum gebe, was gut und wichtig war. Dazu gehört, das Geschehen an sich zu betrachten, es mit frohem Herzen und offener Seele wahrzunehmen. Auch darauf zu schauen, welche Rolle andere Menschen einnehmen, denen ich in diesem Zusammenhang dankbar sein kann, und welche Bedeutung mir dabei zukommt. Auch mich selbst zu würdigen, ist wichtig und unverzichtbar. Alles Wertvolle, das ich gesehen und gewürdigt habe, wird mich begleiten, stärken, für die Zukunft rüsten.

Das In-Ordnung-Bringen bedeutet, anzuschauen, was war: Schweres, Verletzendes, Beklagenswertes, Ungerechtes. All das will auch gesehen und gewürdigt werden. Dabei heißt Würdigung in diesem Fall nicht gutheißen. Würdigen bedeutet, das Geschehen anzusehen, zu bewerten, Schuldige zu benennen, aber auch den eigenen Anteil daran, die eigene Verantwortung zu begreifen. All das Schwere zu beklagen, zu beweinen, zu betrauern. Und es dann nach Möglichkeit so aufzuräumen, dass man es lassen kann. Im Idealfall steht am Ende des oft langen und schmerzhaften Auseinandersetzungsprozesses ein Akt der Vergebung. Vergebung für den oder die andere, und in manchen Fällen auch Vergebung für sich selbst. Dabei ist der Weg zur Vergebung ein intensiver Prozess, der in extremeren Fällen auch nicht beim Pilgern allein geleistet werden kann. Es geht dabei nicht um billige, oberflächliche Vergebung, sondern eine, bei der man durch Wut und Verletzung hindurch muss. Der große Vorteil der Vergebung liegt jedoch darin, dass ich nicht mehr in der Haltung des Opfers gefangen bin. Denn solange ich nicht vergeben habe, bleibe ich in schmerzhafter Täter-Opfer-Beziehung mit dem anderen verbunden und bin darin selbst wenig handlungsfähig. Erst wenn ich durch meine Vergebung mein Opfersein aufgebe, habe ich die Möglichkeit, wieder frei zu handeln. Im Blick auf das Neue meines Lebensüberganges wird das wichtig. Das Schwere anzusehen heißt aber auch, seine eigenen Verletzungen anzusehen. Die wunden Stellen zu schützen, zu pflegen, den Schorf nicht immer abzukratzen, heilen zu lassen und auf die Narben achtzugeben.

Steine von Herzen

Zur Würdigung des Schönen und des Schweren gehört, dass letztlich alles aufgeräumt ist. Dass das, was mir in der Vergangenheit wichtig war, einen festen Platz hat, an den ich immer wieder gehen kann, um mir das Gewesene anzuschauen. Wenn ich den Erfahrungen meiner Vergangenheit einen äußeren Platz und auch einen in meinem Herzen, in meiner Seele zugewiesen habe, wird es mir leichter fallen, das Vergangene hinter mir zu lassen und ohne schweres Gepäck weiterzugehen.

So sollte sich nach der Würdigung ein Ritual des Abschiednehmens anschließen. Auf einem Pilgerweg bieten sich dazu verschiedene Möglichkeiten an. Wichtig erscheint mir, dass ein ganz äußeres Ablegen von Gegenständen hilfreich ist, damit nicht nur die Seele, sondern auch der Körper versteht, dass das Abgelegte hinter einem liegt. Zum Prozess des Ablegens gehört auch, entsprechende Worte zu formulieren, wie beispielsweise: »Das ist Teil meiner Vergangenheit, es gehört zu meinem Leben. Es ist wichtig und ich habe es gewürdigt. Nun nehme ich Abschied und lasse es hinter mir. Ich möchte diesen Teil der Vergangenheit nicht täglich auf meinem Lebensweg mitschleppen. Deshalb lege ich ihn hier ab. Ich weiß, dass ich äußerlich oder auch seelisch immer wieder hierher zurückkommen kann, wenn es mir wichtig erscheint. Deshalb kann ich das Geschehen gut hierlassen und ohne diese Last weitergehen.«

Für viele Pilger und Pilgerinnen ist das *Cruz de Ferro* ein Ort, um das Vergangene, meist auch das Schwere, hinter sich zu lassen. Es ist ein Kreuz aus Eisen, das auf einem Berg etwa 220 Kilometer vor Santiago de Compostela steht. Hierhin haben viele einen symbolischen Stein von zu Hause mitgenommen, um ihn an diesem besonderen Ort abzulegen. Um den Eichenstamm, auf dem das Kreuz in den Himmel ragt, liegen Tausende und Abertausende solcher Steine, es ist ein Ort der Vergangenheit, ein energiereicher Ort, an dem sich Lasten gut ablegen lassen, weil sie hier mit vielen anderen geborgen und aufgehoben sind.

Aber es ist gar nicht nötig, genau diesen Ort zu wählen. Auf jedem Weg finden sich Plätze, die geeignet sind, das Vergangene symbolisch hinter sich zu lassen. Das mag zwar nicht unbedingt die Kraft eines gemeinschaftlichen Energiefeldes wie am *Cruz de Ferro* haben, dafür kann der Platz sehr persönlich gewählt werden und dem Geschehen vielleicht besonders angemessen sein.

Wenn ich diesen Ort gefunden, meinen Gegenstand abgelegt und die mir angemessenen Abschiedsworte gesprochen habe, gehe ich festen Schrittes weiter, vielleicht werfe ich noch einen Blick zurück, winke einmal – und wende mich dem zu, was vor mir liegt.

Aufbrechen

Aufbrechen ist ein weiteres Merkmal des Lebensübergangs. Tatsächlich aufbrechen, ich schreibe am liebsten »auf-bre-chen«, weil dann schon in der Schreibweise deutlich wird, worum es geht: sich aufzumachen, sich zu öffnen. Dazu gibt es verschiedene Bilder, die für das Öffnen stehen. Eines ist die Knospe einer Blüte, die aufbricht. Sie ist auch ungeöffnet schön, es steckt bereits alles Reiche, Schöne in ihr. Wenn sie aufbricht, erstrahlt sie in blühender Schönheit, ein Moment des Reichtums tritt hervor, der gar nicht schmerzhaft ist, weil das Aufbrechen der Blüte nichts Gewaltsames hat, sondern ein natürlicher, also ein der Natur gemäßer Prozess ist.

Etwas anders mag es mit dem zweiten Aufbruchsbild stehen: mit jenem einer Nuss, die es aufzubrechen gilt. Darin ist etwas Wertvolles, Leckeres, Nahrhaftes. Aber es steckt hinter einer harten Schale, die nicht ohne Weiteres zu knacken ist. Ich brauche Kraft und vielleicht Hilfsmittel, um an den Kern zu gelangen. Am Ende bleiben scharfkantige Schalenreste und etwas Wertvolles, für das sich die Mühe lohnt.

Gleich, welches Aufbruchsbild besser passt, für beide bildet das Pilgern den richtigen Rahmen. Der Knospe bietet es den Raum, das Licht, die Energie, die nötig ist, um die Blüte zum Strahlen zu bringen. Oft braucht es für den Blütenaufbruch nicht viel mehr als die Alternative zum grauen, lichtlosen Alltag. Schon die Zeit, die Natur, die Gesellschaft des Pilgerns ist ein hervorragender Nährboden, um sich zu entfalten, die Farben der Blüte der Sonne entgegenzustrecken, gar offen zu sein für Befruchtung in seiner ganzen Bandbreite der möglichen Bedeutungen: die Blüte ist offen für das Leben, das sich nun neu entwickeln kann.

Auch die Nuss kann auf dem Pilgerweg ihre Symbolkraft entfalten. Dazu braucht es jedoch etwas mehr Energie. Es braucht die Herausforderung, die Grenzerfahrung, jenes Gefühl von »Es geht nicht mehr«, um die Schale zu knacken. Im Rahmen der üblichen Komfortzone wird sie sich nicht öffnen lassen. Unterschiedliche Aspekte des Pilgerns zwingen mich, einige meiner Komfortzonen zu verlassen: Ob es die Kilometer sind, die damit verbundenen körperlichen Herausforderungen, das Gepäck, das wieder zu schwer ist, der Verzicht auf Privatheit und Intimsphäre – sie bringen die Schale zum Knacken. Und wer die Erfahrung macht, dass sich so eine äußere Schale aufbrechen lässt, erlebt auch, dass die innere Nuss nicht unangetastet bleibt. Die Grenzen zu weiten, dem Guten Raum zu geben. Zu erleben, dass mehr geht, als man ursprünglich gedacht hat, hilft beim Aufbrechen der Nussschale.

Neues wagen

Aber beim Aufbrechen darf es nicht bleiben. Es geht darum, Neues zu wagen. Auch dabei hilft es, die Erfahrung des Pilgerns zu machen, denn auf den Weg zu gehen, wird auch ein Wagnis gewesen sein. Was geschieht, wenn man Neues wagt?

Neues zu wagen bedeutet zunächst, mitgebrachte Erwartungen aus der Vergangenheit beiseite zu lassen. Denn wer wirklich Neues beginnt, kann sich nicht allein auf alte Erfahrungen stützen. Wer sein Wissen aus dem ableitet, was schon immer so war, wird teilweise im Alten bleiben. Deshalb braucht es Mut und eine frische Sicht, wenn man wirklich Neues wagen will.

Wichtig ist dabei, an seine Sehnsucht anzuknüpfen, der Sehnsucht, wohin man gelangen will. Es ist nun nötig, sich diese Bilder wieder ins Bewusstsein zu holen und sie mit Leben zu füllen. Denn ohne diese kraftvollen Sehnsuchtsbilder wird es schwer, die Tücken des behäbigen Alten hinter sich zu lassen. Das stärkende Sehnsuchtsbild ist wie der Nordpol im Kompass: An ihm orientieren sich die vielen kleinen Schritte, die letztlich dazu führen, in ein Neues zu gelangen.

Das muss aber nicht unbedingt genau die Erfüllung dieses Sehnsuchtsbildes sein, denn es ist möglich, dass sich die Koordinaten unterwegs ändern. Wer weiß schon, was passieren kann und welche Energien wirken, wenn man wirklich Neues wagt? Wichtig ist, sich nicht von Unwohlsein beirren zu lassen. So wie man Körperhaltungen, die man sich über Jahrzehnte unnatürlicherweise angeeignet hat, nicht einfach verändern kann, ohne dass es sich eine Zeit lang unangenehm anfühlt, ist es auch mit allem anderen, was wirklich neu beginnt: Die ersten Schritte werden ungewohnt sein, und das Wohlgefühl, auf das man sonst vertraut, signalisiert gelben oder roten Bereich. Aber das ist normal. Deshalb ist es wichtig, neben dem inneren Gefühl äußere Orientierungspunkte mit einzubeziehen. Das können vertraute Menschen sein, die von der Sehnsucht, von dem Aufbruch wissen und einen auf Kurs halten. Vielleicht hilft auch, sich etwas aufzuschreiben, was Halt gibt und wirken kann, wenn sich im Prozess etwas nicht gut anfühlt.

Hilfreich ist ebenfalls, ein paar konkrete Schritte zu planen: Welches Vorgehen führt mich zu meinem großen Ziel Sehnsucht? Beim Planen dieser Schritte ist es sinnvoll, mehrere zeitliche Ebenen zu betrachten: Was muss ich möglichst gleich tun und wobei hilft mir die neue Energie des Prozesses, den ich gerade erlebe? Ein bis drei konkrete, verändernde Maßnahmen dürfen es schon sein. Und dann hilft es auch, eine größere Zeitdimension zu öffnen: Was will ich in einer Woche verändert haben, was in zwei, was in einem Monat? Und wo will ich in einem halben Jahr stehen auf meinem großen Weg zur Sehnsucht? Es ist gut, diese Themen möglichst konkret und nachvollziehbar festzuhalten, sie aufzuschreiben. So bleibt nachprüfbar, ob ich immer noch auf Kurs bin, um letztlich die Sehnsucht, die mich auf den Weg gebracht hat, erfüllen zu können.

Wichtige Entscheidungen

Pilgern – welcher Weg soll's denn sein?

Wer sich heute zum Pilgern aufmacht, hat die Wahl zwischen vielen Wegen, die zu unterschiedlichen Zielen führen. Am populärsten sind derzeit die Wege, die nach Nordspanien, nach Santiago de Compostela führen, also die Jakobswege. Die beiden anderen klassischen Pilgerziele des Christentums, Rom und Jerusalem, werden deutlich seltener angelaufen. An diese Orte reisen die Menschen heute eher als Touristen, die möglicherweise auch ein spirituelles Bedürfnis antreibt.

Aber muss es denn überhaupt ein gefasster Weg zu einem alten Pilgerziel, muss es immer ein Jakobsweg sein? Kann man denn nicht auf normalen Wanderwegen auch Wandel

Die wirklich wichtigen Entscheidungen des Lebens

erzielen? Natürlich sind innere Prozesse auf allen Wegen möglich. Wenn ich das Pilgern etwa mit einer anderen spirituellen Übung wie dem Beten oder Meditieren vergleiche: Freilich kann ich auch in einer Fußgängerzone beten oder neben einem Presslufthammer meditieren, aber die äußeren Bedingungen einer Kirche oder eines Meditationsraumes mit Ruhe und Reizarmut sind dem spirituellen Geschehen zuträglicher als Orte, die Hektik und

Alle Wege führen nach Santiago

cher als Orte, die Hektik und Stress ausstrahlen. Dabei kommt es den Pilgerwegen gar nicht darauf an, Schönwanderwege zu sein. Es gibt sicher schönere Wege mit besseren Ausblicken, geeigneteren Untergründen und idyllischeren Rastplätzen. Pilgerwege sind vielmehr Spiegel des normalen Lebens, in denen man eben auch mal durch eine hässliche Vorstadt, eine öde Landschaft oder ein lautes Industriegebiet durch muss, aber dafür ebenso mit strahlenden Kathedralen oder geradezu atemberaubenden Landschaften belohnt wird. Die anderen Menschen auf dem Weg werden schon dabei helfen, mit der Umgebung und dem Geschehen gut umzugehen. Es kommt eben noch folgender Faktor dazu: Anders als beim Wandern begibt man sich beim Pilgern üblicherweise auf einen Weg, den schon Tausende, vielleicht Millionen von Menschen vor einem ganz bewusst gewählt haben, gegangen sind oder noch gehen werden. Diese Energie ist auf alten Pilgerwegen wahrnehmbar. Die Jakobswege, die sich über die Jahrhunderte wie Bäche und Flüsse in ganz Europa ausgebreitet haben und schließlich in Santiago de Compostela münden, sind dafür das prominenteste Beispiel.

Weil Jakobswege heute also die populärsten Pilgerwege sind und viel zu bieten haben, werde ich hier die wichtigsten Wege im Blick auf ihre Besonderheiten und Rahmenbedingungen vorgestellen. Auch auf einige andere Pilgerwege wie den Franziskusweg oder den Olavsweg wird eingegangen. Damit möchte ich die Wahl des passendsten Weges für die jeweiligen Vorerfahrungen und Lebensvoraussetzungen erleichtern.

Spanien

Wir beginnen in Spanien und kommen gleich zu dem Weg, der für viele als der Jakobsweg schlechthin gilt: der *Camino Francés,* also der Französische Weg, genau genommen der Weg der Franken – Jakobswege werden in der Regel nach der Region benannt, aus der die Pilgernden kommen. Der *Camino Francés* führt von St. Jean-Pied-le-Port über die Pyrenäen (für viele Spanier von Roncesvalles aus – sie leben ja schon jenseits des Gebirges und müssen es deshalb nicht noch überqueren) durch die größeren Städte Pamplona, Logroño, Burgos und León auf rund 800 Kilometern nach Santiago de Compostela. Spricht man heute vom Jakobsweg und erntet die Reaktion: »Der ist doch total überlaufen«, ist das meist ein Vorurteil über genau diesen Weg. Es mag stimmen, dass auf diesem *Camino* die meisten Pilger und Pilgerinnen unterwegs sind, aber im Gegensatz zu anderen überlaufenen Urlaubszielen muss jede und jeder eben doch seinen Weg ganz persönlich und ganz allein gestalten. Das bedeutet auch, dass es sich nicht um eine pilgernde Masse handelt, sondern um Menschen mit persönlichen Geschichten, Anliegen, an Schnittstellen des Lebens – und es lohnt sich fast immer, sie kennenzulernen. Unter dem Aspekt, dass Pilgern vor allem ein soziales Phänomen ist, weil es Begegnungen ermöglicht

So weit die Füße tragen

(mit mir, mit anderen Pilgernden, mit Menschen am Wegesrand und mit Gott), birgt der *Camino Francés* den größten Schatz.

Aus meiner Sicht ist dieser Weg jener mit der besten Pilgerlogistik und mit den meisten Menschen aus aller Herren Länder. Nirgendwo sonst kann man so viele wunderbare Pilger und Pilgerinnen von Australien bis Uruguay kennenlernen. Besonders ist auch, dass sich auf diesem Weg die meisten Erstpilger befinden, erfahrungsgemäß sind Kontakte mit ihnen besonders bereichernd. Denn der biografische Umbruch ist frisch, Wiederholungspilgernde sind dagegen oft nicht aus einem akuten Anlass auf dem Weg, sondern weil es beim letzten Mal so beeindruckend war. Sie wollen also eher das Pilgern wieder erleben und nicht die Lösung eines Themas erlaufen. Will man mit ihnen ein spannendes Gespräch über ihr Leben führen, sollte man fragen, was sie das erste Mal auf den Weg getrieben hat oder welche Folgen die erste Pilgererfahrung für den Alltag hatte.

Hinter jeder Kurve wartet ...

Das Pilgern in Spanien ist relativ preiswert. In den Herbergen, die meist mit Stockbetten in Mehrbettzimmern ausgestattet sind, kostet die Übernachtung oft 6, manchmal bis zu 15 Euro, in den Bars und Restaurants am Wegesrand gibt es kostengünstige Pilgermenüs für etwa 10 Euro. So preiswert pilgert man sonst in Westeuropa höchstens noch in Portugal.

Ein Wort zum Mythos der überfüllten Herbergen, der viele im Vorfeld bekümmert: Freilich kann es auch mal geschehen, dass man am späteren Abend ankommt und nicht auf Anhieb einen Schlafplatz findet. Aber fast immer ergibt sich dennoch eine Lösung, entweder helfen Mitpilgernde oder Verantwortliche vor Ort. Auf all meinen Wegen musste ich nie unter freiem Himmel schlafen, zur Not sind auch mal Pilger zusammengerückt. Deshalb ist es nicht nötig, aus Sorge um einen Schlafplatz bereits um fünf Uhr in morgendlicher Dunkelheit aufzubrechen, außer man liebt es, aus der Finsternis durch die Dämmerung in den Tag hinein zu laufen. Aber tatsächlich sollte man auch wegen der Nachmittagshitze nicht unbedingt den ganzen Tag durchwandern, sondern schauen, dass man im Laufe des Nachmittags am Tagesziel ist.

Der *Camino Francés* bietet eine sehr gute Pilgerlogistik, was Herbergen, Bars, Läden, Kirchen und Klöster sowie Wegkennzeichnung angeht. Deshalb empfiehlt es sich, ihn allein zu gehen (und weil ich oft gefragt werde: Ja, auch als Frau ist es sicher – es dürfte zumindest relativ wenige Reiseformen geben, die für alleinreisende Frauen sicherer sind), weil man so am offensten ist für die Geschehnisse und Menschen, die einen umgeben. Auch, was die Verständigung betrifft, ist er einfach zu bewältigen, denn außer ein paar höflichen Worten Spanisch, die selbstverständlich sein sollten, kommt man mit Englisch gut zurecht, vor allem unter Pilgern und Pilgerinnen ist dies oft die Sprache der Wahl. Es gibt aber auch Menschen, die den Weg ganz ohne ein Wort Spanisch oder Englisch bewältigt haben. Die Menschen am Wegesrand wissen im Grunde auch ohne Worte, was Pilgernde üblicherweise brauchen.

Weil der *Camino Francés* viele Möglichkeiten anbietet, an verschiedenen Stellen, vor allem in den größeren Städten, aus- oder einzusteigen, ergibt sich eine hohe Fluktuation. Meiner Erfahrung nach erreicht man die größte Tiefe für den inneren Pilgerprozess, wenn man den ganzen Weg von den Pyrenäen bis Santiago de Compostela geht. Er bietet einen besonderen Spannungsbogen, den man am besten auskostet, wenn man ihn am Stück geht. Eine alte Pilgerweisheit sagt, man solle am besten 30 Tage pilgern: 10 für den Körper, 10 für die Seele und 10 für den Geist.

Viele, die ihren Pilgerweg planen, rechnen aus, wie viel Zeit sie investieren wollen und wo sie in der Folge einsteigen müssen, um am Ende der berechneten Zeit in Santiago anzukommen. Ich empfehle eher, wenn man keine 4 bis 6 Wochen Zeit hat, einen anderen Weg zu wählen, statt zwischendrin einzusteigen – auch deshalb, weil man nur einmal das erste Mal in Santiago de Compostela ankommen kann. Wenn man dieses Erlebnis gleich beim ersten Mal nach nur einigen wenigen Pilgertagen mitnimmt, als man vielleicht nur eine Woche Zeit hatte, verschenkt man viel von der Besonderheit, die man erfährt, wenn man sich das Ziel über einen langen Weg erläuft. Wenn man nur Zeit für eine Woche Pilgern hat und deshalb das letzte Stück vor Santiago wählt, lernt man ein Wegstück kennen, das besonders untypisch ist. Denn die letzten 100 Kilometer sind tatsächlich speziell, weil viele Spanier und andere Kurzzeitpilger sich dort tummeln.

Damit wir uns nicht falsch verstehen: Auch diese Menschen sind »richtige« Pilger und Pilgerinnen, sie gehen eben nur das letzte Stück und erleben nicht die anderen eindrücklichen Erfahrungen auf den hunderten oder tausenden von Kilometern davor. Sie sind keine Pilgernden zweiter Klasse und haben ebenfalls genauso viel Recht auf ein Bett wie Pilger und Pilgerinnen, die schon 700 oder 2000 Kilometer gelaufen sind. Auch die Urkunde *Compostela* wird an sie nicht zweitklassig vergeben. Ähnlich wie im biblischen Gleichnis von den Arbeitern im Weinberg haben alle, gleich, wie viel sie geleistet haben, die Gnade verdient, das zu bekommen, was sie brauchen und wünschen – auch hierin unterscheidet sich die heutige Pilgervorstellung von der mittelalterlichen. Und dennoch: Wer erst in Sarria einsteigt, also dem letzten mit öffentlichen Verkehrsmitteln erreichbaren Ort vor der berühmten 100-Kilometer-Marke, kann vermutlich nicht mehr die Tiefe erreichen, die jemand erlebt, der bis zu diesem Punkt bereits 700 Kilometer gelaufen ist. Das Ankommen am Ziel ist ein ganz besonderes Erlebnis, das man sich nicht zu leicht schenken sollte. Unter diesem Aspekt gilt dann doch, dass der Weg das Ziel ist, weil unterwegs Entscheidendes geschieht.

Wie wäre es bei einem Zeitbudget von zwei Wochen beispielsweise mit dem *Camino Primitivo*? Dieser im nordspanischen Bundesstaat Asturien in dem eindrücklichen Ort Oviedo beginnende Weg führt auf etwa 330 Kilometern durch das Kantabrische Gebirge nach Santiago de Compostela. Seinen Namen trägt er nicht, weil er besonders »primitiv« ist, sondern weil er der erste, also ursprünglichste Weg sein soll. Der asturische König Alfonso II. soll hier im Jahr 870 den Weg von seinem Königssitz, eben Oviedo, nach Santiago de Compostela gepilgert sein.

Wer das Wandern in den Bergen liebt, wird mit diesem Weg viel Freude haben. Man darf sich jedoch nicht Bergtouren wie in den Alpen vorstellen, es handelt sich meist um gemäßigte Bergpilgerwege, leider mit geschätzten 50 Prozent Asphaltanteil. Allerdings gibt es nicht alle 5 bis 10 Kilometer einen Ort mit vielleicht sogar mehreren Herbergen wie auf dem *Camino Francés,* sondern eben nach je 15 bis 25 Kilometern gerade eine Herberge. Wenn diese nicht passt, ist es kaum möglich, in eine andere auszuweichen. Umso wichtiger ist, dass sich letztlich für jede Pilgerin, jeden Pilger irgendeine Möglichkeit organisieren lässt, das müde Haupt abzulegen.

Auch wartet nicht alle paar Kilometer eine Bar als Versorgungsstation. 20 Kilometer ohne Wasserstelle durch die Berge zu gehen, erfordert eine andere Planung als auf dem *Camino Francés.* Dennoch muss man wissen, dass der Pilgerweg nicht über jeden Gipfel führt, sondern oft leichter gangbare Varianten anbietet. Denn es geht hier, anders als beim Bergwandern, nicht um das Gipfelgefühl, sondern um das Bedürfnis, an das in der Ferne liegende Ziel zu gelangen.

Die entstehenden Pilgergemeinschaften sind relativ eng, weil man sich in der nächsten Herberge fast unweigerlich wiedersieht. Was die Verständigung betrifft, wäre es auf diesem Weg sinnvoll, wenn der Wortschatz etwas weiter als *Buenos Dias, Gracias* und *Por favor* reicht, um mit den Menschen am Wegesrand zu kommunizieren.

Im Grunde gilt Ähnliches für den *Camino del Norte,* den Küstenweg, knapp 900 Kilometer lang, beginnend in Irún, durch die Städte San Sebastian, Bilbao, Santander und Gijon führend. Auch in dieser Gegend sind Pilger und Pilgerinnen zwar alltäglich, aber sie prägen, anders als auf dem *Camino Francés,* nicht das Geschehen. Deshalb hilft auch hier ein wenig Small-Talk-Spanisch, um ein belegtes Brot oder ein Bett zu bekommen. Brot und Bett begehren aber auch spanische Touristen, denn der Norden und die Küste sind gerade bei spanischen Inlandstouristen sehr beliebt. So kann es vorkommen, dass der Weg an einem Strand entlangführt, man stapft dann durch den Sand, während nebenan hunderte gut gebräunte Spanier in der Sonne liegen. Auf ein aufmunterndes *Buen Camino* muss man allerdings auch nicht lange warten, denn viele Touristen waren im letzten Jahr bestimmt selbst pilgernd unterwegs.

Anders als man vermuten könnte, führt der Weg jedoch nicht immer an der Küste entlang, bisweilen sieht man auch mal ein oder zwei Tage gar kein Meer. Und dann wieder reichlich, wenn es an mancher Steilküste im stetigen Auf und Ab entlang des Ozeans geht. Die so gewonnenen Höhenmeter gehen ganz schön in die Waden, man fühlt sich abends oft erschöpft wie nach einer langen Bergwanderung. Der Asphalt, der leider auch hier etwa die Hälfte des Weges ausmacht, verringert die Anstrengungen nicht gerade. Aber die immer wieder schönen Küsten- und Meeresblicke entschädigen für die Mühe.

Mit den Herbergen ist es ähnlich wie auf dem *Camino Primitivo,* oft erkennt man in der Tagesplanung, dass die nächste Herberge etwa nach 18 Kilometern wartet – also eher eine kurze Etappe –, die übernächste jedoch wieder 15 Kilometer weiter, sodass man alternativ entweder eine eher kurze oder eine sehr lange Etappe planen kann. Das führt auch hier dazu, dass sich die selben Pilgerinnen und Pilger immer wieder treffen, denn viele pendeln sich auf ähnliche Distanzen ein und

Immer an der Kante entlang

kommen dann abends mangels Alternative in der selben Herberge zusammen. Daraus entwickelt sich eine Art »Welle« aus 10 oder 20 oder 30 Pilgernden, mit denen man sich von Etappe zu Etappe immer mehr anfreundet – oder von denselben anstrengenden Menschen immer wieder genervt ist. Meist entstehen jedoch muntere Gemeinschaften, auch gern *family* genannt, die auf diesem Weg oft international gemischt sind. Denn im Gegensatz zum *Camino Francés,* auf dem sich öfter nach Sprachen sortierte Grüppchen bilden – also zum Beispiel eine deutschsprachige *family,* eine italienische, eine spanische, der Rest einigt sich auf Englisch – sind auf dem *Camino del Norte* ebenso wie auf dem *Primitivo* selten genug Pilgernde einer Sprachgruppe beisammen, sodass sie sich separieren könnten.

Weil ich immer wieder nach der schönsten Wegvariante gefragt werde: Ich kann unter landschaftlichen Gesichtspunkten die Kombination aus Küstenweg und *Primitivo* empfehlen.

Versteckte Kleinode

Man startet in Irún auf dem Küstenweg, biegt dann etwa 550 Kilometer weiter kurz vor Gijon nach Südwesten in Richtung Oviedo ein und beginnt dann zwei Tage später dort den *Primitivo*.

Erst in Sobrado dos Monxes, etwa 60 Kilometer vor Santiago, kommen die beiden Wege wieder zusammen. So hat man zunächst das Erlebnis der Küste, dann jenes der Berge und stößt 40 Kilometer vor Santiago in Arzúa auf den *Camino Francés*. Allerdings werden die meisten Pilgerinnen und Pilger sich nicht für diese Kombination entscheiden, was bedeutet, dass man sich von seiner inzwischen liebgewonnenen Pilgergemeinschaft auf dem Küstenweg verabschieden muss, um zwei Tage später auf ganz andere Pilger und Pilgerinnen zu stoßen, mit denen man nun wieder Kontakte zu knüpfen beginnt.

Von Sevilla aus führt die *Via de la Plata* auf fast 1000 Kilometern aus Südsüdost nach Santiago. Dieser längste spanische Weg scheint eher für erfahrene Pilger und Pilgerinnen geeignet zu sein. Wegen der geringeren Herbergsdichte sind die Etappen zum Teil sehr lang, im Sommer extrem heiß, manchmal finden sich auf 30 Kilometern keine Dörfer oder Bars, in denen man Wasser oder Lebensmittel bekäme. Die Natur ist freilich sehr beeindruckend, und der Weg weist eine lange Geschichte auf. Er orientiert sich an einer alten Römerstraße, was ihm auch seinen Namen gibt: Es ist mitnichten der Silberweg (*Plata* = Silber), sondern der Weg, der auf römischen Steinplatten entlang führt.

Der *Caminho Portugues* beginnt, wie der Name schon sagt, in Portugal, erst der letzte Teil liegt in Spanien. Je nachdem, wo man startet, gestaltet sich der Weg sehr unterschiedlich. Die beiden am häufigsten gewählten Startpunkte sind Porto und Lissabon. Wer den Weg in Porto beginnt, kann die etwa 250 Kilometer in 10 bis 12 Tagen zurücklegen. Ab Porto, das man am besten den Fluss Douro entlang zum Meer verlässt (so beginnt der Pilgerweg mit einem Tag am Strand!), finden sich wie auf den anderen spanischen Wegen die üblichen Pilgerherbergen, die je nach Saison mehr oder weniger gut mit Pilgernden gefüllt sind. In der Regel gibt es je eine Herberge in den Orten, sollte der Platz dort nicht ausreichen, ist es in der Regel kein Problem, auf eine günstige Pension auszuweichen. Mit Englisch oder Spanisch kommt man meist auch gut durch Portugal. Und man sollte sich die oft etwas feinere portugiesische Küche von Fisch über Pasteten bis zum Kaffee nicht entgehen lassen.

Sollte man auf die Idee kommen, den Weg im eindrücklichen Lissabon zu beginnen, liegt die ersten 350 Kilometer ein ganz anderer Weg vor dem Pilger oder der Pilgerin. Die Markierungen sind eher spärlich, in Eukalyptuswäldern fehlen sie zum Teil komplett, deshalb sind ergänzend zum Reiseführer auch Landkarten hilfreich. Sinnvolle Etappen sind oft 30 Kilometer lang, und Herbergen gibt es kaum. Man schläft also in Pensionen oder einfachen Hotels, was natürlich deutlich teurer ist, als Pilgerherbergen zu nutzen. Die günstige Alternative ist, sich an die Freiwillige Feuerwehr zu wenden, die Pilgernde kostenlos auf Feldbetten übernachten lässt, sofern sie diese nicht selbst gerade benötigt.

Eine Besonderheit liegt auch auf diesem Weg: Das portugiesische Pilgerziel Fátima. Oft weisen gelbe Pfeile den Weg nach Santiago de Compostela und blaue Pfeile nach Fátima. Dieser Weg wird jedoch eher als klassisch katholischer Wallfahrtsweg verstanden, das heißt, büßende portugiesische Gruppen gehen leidend mit wunden Füßen neben einem Fahrzeug, das ihr Gepäck transportiert. Manche schauen freundlich, wenn ihnen entgegenkommende Jakobspilger fröhlich zuwinken. Unterschiedliche Pilgerkulturen treffen aufeinander.

Diese fünf Wege sind die klassischen *Caminos,* die wie die Finger einer Hand aus unterschiedlichen Richtungen auf Santiago zuführen. Genau genommen müsste man zwei weitere Wege nach Santiago de Compostela nennen: der Weg aus dem Norden, *Camino Inglés,* der die seefahrenden Pilger aus England etwa 100 Kilometer über Land ans Ziel geleitet, wird sich wohl in erst in den nächsten Jahren wieder etablieren.

Der Weg vom Kap Finisterre nach Santiago wird in der Regel von Ost nach West, also von Santiago nach Finisterre von vielen Pilgerinnen und Pilgern als »Zugabe« im Anschluss an das Erreichen von Santiago aus begangen. Nur selten wählen Pilger und Pilgerinnen diesen Weg von West nach Ost, was eigentlich schade ist, denn die Sicht und das Zulaufen auf die Kathedrale ist von dieser Seite aus *Santiago mal von hinten* am schönsten.

74

Frankreich

Durch Frankreich führen vier traditionelle Jakobswege, von denen sich drei vor den Pyrenäen kurz vor St.-Jean-Pied-le-Port vereinen und dann in den *Camino Francés* münden. Der vierte Weg nutzt den Somport-Pass über die Pyrenäen und stößt erst bei Puente la Reina auf den *Camino Francés*. Die Wege tragen lateinische Namen und »beginnen« in Paris bzw. Tours: *Via Touronensis*, Vézelay: *Via Lemovicensis*, Le Puy-en-Velay: *Via Podiensis* und Arles: *Via Tolosana*. Natürlich beginnen sie nicht wirklich in diesen Orten, wissen wir doch mittlerweile, dass Jakobswege an der Haustür beginnen. Aber diese Städte waren schon im Mittelalter wichtige Treffpunkte für Pilger und Pilgerinnen aus unseren Breitengraden, an denen sie sich zu sichereren Pilgergruppen vereinten.

Alle diese Wege sind als *Grande Randonnées* zuverlässig weiß-rot markiert – wie das gesamte Fernwanderwegenetz in Frankreich. Diese Markierung führt zu der Besonderheit, dass die Wege in beide Laufrichtungen, also auch aus Spanien kommend, ausgeschildert sind. Der Rückweg, wie ihn mittelalterliche Pilgerinnen und Pilger zu bewältigen hatten, wäre hier von der Orientierung her also kein Problem. Vorbildlich ist die Idee, an Kreuzungen und Gabelungen nicht nur den richtigen Weg mit zwei parallelen Strichen, sondern auch die Optionen, die in die Irre führen, mit einem Kreuz in weiß-rot zu markieren. Oft genug findet man diese Zeichen an Fehlwegen zuerst, was zu größerer Wegsicherheit führt. Die normalen Pilgerreiseführer sind in ihrer aktuellsten Auflage in der Regel ausreichend, manchmal bieten die sehr aktuellen französischen Führer *Miam Miam Dodo* mit vielen praktischen, detaillierten Informationen eine wertvolle Ergänzung. Die Wege sind oft echte Wanderwege mit eher wenig Asphalt, dafür immer wieder ordentlichen An- und Abstiegen auf nicht immer ganz gepflegten Wegen. Zur Wegbefestigung werden bisweilen ganze LKW-Ladungen von Steinen unterschiedlichster Größe einfach abgeladen, ohne aus ihnen einen Weguntergrund zu formen. Wird sich schon festtreten, denken die Wegemacher vielleicht, sorgen aber dadurch auch für Wegstücke, die sehr unbequem zu gehen sind und auf denen man auf seine Knochen achtgeben muss. Das ist nicht wirklich gefährlich, aber manchmal nervig. Und: So kommt keine Langeweile auf.

Die Wege sind unterschiedlich frequentiert, was auch von der Jahreszeit abhängt. Kann man von Arles oder Vézelay aus kommend im April tagelang keine anderen pilgernden Menschen treffen, bin ich zu Pfingsten auch schon mit einer hundertköpfigen Pilgerschar aus der Pilgermesse in Le Puy aufgebrochen. Auf den Wegen verteilt sich diese Menge jedoch ganz gut.

Insgesamt scheint sich die *Via Podiensis* zum frequentiertesten Weg zu entwickeln, hier trifft man neben vielen Franzosen auch oft andere französischsprachige Pilgerinnen und Pilger, zum Beispiel Kanadier. Häufiger bin ich auf der *Via Podiensis* kleinen Pilgergrüppchen begegnet, an deren leichten Tagesrucksäcken fröhlich eine Jakobsmuschel baumelte. Wie machen die das, dachte ich mir, mit so wenig Gepäck? Das Geheimnis lüftete sich, als ich nachmittags in der Herberge ankam und dort im Foyer 20-Kilo-Reisetaschen auf die leichtfüßigen Pilger und Pilgerinnen warteten. Dass man sich angesichts der gebügelten Blüschen und des Goldschmucks am Abendessenstisch mit seinen müffelnden Pilgerklamotten seltsam unpassend fühlt, ist die unangenehme Folge. Aber niemand pilgert falsch – nur anders!

Eine andere, positivere Überraschung: Franzosen, die an Pilgerwegen leben, sind, anders als das Vorurteil gegenüber dieser Volksgruppe erwarten lässt, auch jenen Pilgerinnen und Pilgern gegenüber, die der französischen Sprache nicht mächtig sind, in der Regel überraschend freundlich und zuvorkommend. Dennoch ist es von Vorteil, ein wenig Französisch sprechen zu können, auch weil viele Mitpilgernde vor allem diese Sprache nutzen.

Als Übernachtungsmöglichkeiten bieten sich neben einigen Klöstern und kirchlichen Unterkünften vor allem sogenannte *Gîtes d'étapes* an. Sie sind ähnlich ausgestattet wie spanische Herbergen: einfache Schlafsäle mit Stockbetten, meist gut eingerichtete Küchen, in denen man sich einfache Speisen zubereiten kann. Gerade privat betriebene *Gîtes* bieten oft Halbpension, die man wegen des günstigen Preises (35 bis 50 Euro für Übernachtung, Abendessen, Frühstück) und der sehr häufig hervorragenden Küche, die mehrgängige Menüs auf die Pilgertische zaubert, nicht ausschlagen sollte. *Chambre d'hôte* sind meist etwas teurere Gästezimmer, nicht selten mit privater Anbindung an die Gastgeber und Gastgeberinnen. Auch hier ist das knappe Pilgerbudget meist gut angelegt, bisweilen bekommt man sehr nette Zimmerchen, die aber auch ihren Preis haben.

Was sich alle Herbergsväter und -mütter in Frankreich wünschen, ist Voranmeldung. Telefonisch. Das ist dann schon wieder eine fremdsprachliche Herausforderung, die aber oft von den Gastgebern der letzten Nacht übernommen wird. Gerade wenn auch Versorgung angeboten wird, ist es verständlich, das man kalkulieren möchte. Eine Unart, von der ich hörte, ist das Reservieren in mehreren Herbergen für dieselbe Nacht, je nachdem, wie weit die Pilgerfüße heute tragen. Weil das Absagen in den nicht genutzten Betten oft »vergessen« wird, führt das zu unbeliebten Leerständen einerseits und abgewiesenen Pilgern andererseits. Aber so unkollegial sind natürlich nicht sehr viele Pilgerinnen und Pilger.

Schweiz

Ein Land für Luxuspilger und -pilgerinnen. Die Markierungen sind verlässlich und meist in einer guten Häufigkeit, sodass den Pilgerreiseführer ergänzendes Kartenmaterial nicht nötig ist. Leider werden die Wege jedoch oft auf asphaltiertem Untergrund geführt, was nicht alle Pilgerfüße erfreut. Anders als vermutet, muss man sich nicht allzu sehr vor Bergen fürchten. Natürlich gibt es einige steile An- und Abstiege, aber die Jakobswege werden doch häufig nicht über die Gipfel, sondern auf angenehmer Höhe geführt.

Die schlechte Nachricht für Nichtschweizer: Das Pilgern ist recht kostspielig. Die gute Nachricht für Schweizer: Überall sonst ist es günstiger! Aber die hohen Übernachtungs- und Verpflegungskosten sollten nicht abschrecken: Fleißige Jakobswegvereinigungen sorgen inzwischen für immer zahlreichere gute Pilgerherbergen im spanischen Stil mit hervorragender Ausstattung, in denen man relativ kostengünstig übernachten kann. Alternativ wäre da noch das Schlafen im Stroh, das an manchen Höfen am Weg angeboten wird, um Übernachtungsausgaben geringer zu halten. Wie auf allen Pilgerwegen reduziert das Selbstkochen die Kosten ebenfalls enorm. Also: Auch die Schweiz ist eine Pilgerreise wert!

Deutschland und Österreich

Es lohnt sich unbedingt zu erkunden, wo heimatnah der nächste Jakobsweg oder auch andere Pilgerwege verlaufen. Oft sind es nur wenige Kilometer von der eigenen Haustür bis zur nächsten Möglichkeit, um selbst für ein paar Tage Pilgerluft zu schnuppern oder gleich den weiten Weg zu einem fernen Ziel wie Santiago de Compostela anzugehen. Nicht alle sind historisch gewachsen oder haben eine lange Tradition. Jede Gegend, die etwas auf sich hält, möchte ihren eigenen Pilgerweg haben – ein Zeichen dafür, dass im Mo-

Neue Perspektiven in nah und fern

ment auch aus touristischer Sicht reichlich Pilgerpotenzial vorliegt.

Je älter die Wege sind, desto besser ist gewöhnlich die Infrastruktur: Die Markierungen sind in der Regel ausreichend und ordentlich, dennoch ist es ratsam, für Zweifelsfälle neben dem Pilgerreiseführer eine gute Wanderkarte dabei zu haben. Leider gibt es in Deutschland und Österreich noch nicht sehr viele Pilgerherbergen, deshalb bleibt oft nur das Ausweichen auf Gasthöfe und Pensionen, die zum Teil von den Jakobusgesellschaften als besonders pilgerfreundlich ausgewiesen werden. Wo es Klöster gibt, werden Pilger und Pilgerinnen in der Regel aufgenommen. Es ist lobenswert, dass sich viele Klostergemeinschaften dieser Aufgabe annehmen und den Weg dadurch auch spirituell bereichern. Gerade in Österreich lohnt es sich auch immer, in den Pfarreien um ein Obdach nachzufragen.

Entsprechend der Unterkunftswahl gestaltet sich das nötige Budget. Nachdem preisgünstige Selbstversorgung oft schwierig ist, muss man für warme Mahlzeiten in der Regel die ortsansässigen Gasthöfe und Restaurants aufsuchen, was den Vorteil hat, dass man die regionalen Spezialitäten kennenlernen kann.

Trotz vielfältiger Dialekte kommt man mit Hochdeutsch in der Regel überall gut zurecht, wenn auch manche regionale Spitzfindigkeit nicht zu ergründen ist. Weil im deutschsprachigen Raum noch relativ wenig anderssprachige Pilgerinnen und Pilger unterwegs sind, gibt es kaum Erkenntnisse über die mögliche Kommunikationsvielfalt. Da die deutschen Jakobswege im Osten vor allem in Polen und Tschechien Anschluss finden, ist jedoch damit zu rechnen, dass das Pilgern auch in Deutschland und Österreich noch internationaler wird.

Viele Wege im deutschsprachigen Raum eignen sich auch wegen des geringeren Reiseaufwands für kürzere Pilgerreisen – weshalb nicht auch im Winter? Die Kälte und Klarheit, die einen umgeben, können durchaus zu Weite und innerer Klarheit führen.

Manchmal sind Wege gar geräumt

Norwegen und Italien

Der *Olavsweg* führt von Oslo über rund 600 Kilometer zum Grab des ehemaligen Königs und inzwischen Nationalheiligen Olav nach Trondheim. Die Wegmarkierungen sind so, dass sie mit einem Pilgerreiseführer gut nachzuvollziehen sind. Und die geradlinige Spiritualität der nordischen Kirchen kann auch innerlich auf Kurs bringen. Die Kargheit der norwegischen Landschaft verspricht, auf dem Weg zu einer inneren Klarheit zu kommen. Das dünn besiedelte Gebiet macht es jedoch notwendig, als Pilger oder Pilgerin gut zu planen. Es gibt zwar in vernünftigen Tagesetappen von bis zu 30 Kilometern jeweils eine Übernachtungsmöglichkeit, aber Lebensmittel müssen immer mal wieder für mehrere Tage mitgenommen werden. Sowohl die Übernachtungs- als auch die Lebensmittelkosten schlagen wegen des hohen Preisniveaus ordentlich zu Buche.

Vielen anderen Pilgernden wird man auf dem *Olavsweg* nicht begegnen – die Statistiken sprechen von etwa 2000 ankommenden Pilgerinnen und Pilgern pro Jahr. Die Wahrscheinlichkeit, dass man Deutsche trifft, liegt dafür mit 60 Prozent überraschend hoch. Sprachlich kommt man also mit Deutsch (unter Mitpilgernden) und Englisch (mit Norwegern) gut zurecht. Diese Rahmenbedingungen legen nahe, den *Olavsweg* nur mit ausreichender Pilger- oder Weitwandervorerfahrung anzugehen.

In Italien erfreut sich der *Franziskusweg* vielleicht auch wegen des gleichnamigen Papstes zunehmender Beliebtheit. Er führt auf etwa 550 Kilometern von Florenz nach Rom, ist aber prinzipiell auch in der Gegenrichtung begehbar. Der Weg orientiert sich an den Wirkungsstätten des Franz von Assisi, ist also zunächst nicht an einem Grab als heiligem Ort und Ziel orientiert, auch wenn er mit Rom und den dortigen Gräbern von Petrus und Paulus ein klassisches Pilgerziel aufgreift.

Zwischen katholischer Kirchenpracht und franziskanischer Einfachheit bietet der Weg ein breites spirituelles Spektrum, auch die Natur ist eindrücklich und unterstützt innere Wandlungsprozesse. Leider kann man sich nicht darauf verlassen, dass bei Etappenende jeweils eine Übernachtung im Kloster oder in einer Pilgerherberge möglich ist, was dazu führt, dass man relativ oft auf klassische Hotels oder Pensionen mit entsprechend höherem Preisniveau zurückgreifen muss.

Da Teile des Weges durch den Apennin führen, geht es so manchen Höhenmeter auf und ab, gewisse Trittsicherheit ist dabei auch von Vorteil. Gutes Kartenmaterial und Orientierungssinn sind nötig, weil die Beschilderung des Weges nicht immer eindeutig und eher lückenhaft ist – auch dieser Pilgerweg ist also nicht für Pilgeranfänger und -anfängerinnen geeignet.

Ob Pilgern blau macht?

Wolfgang und Marcel

Ich traf zwei Pilger, die ich auf den ersten Blick für Vater und Sohn hielt. Die beiden saßen auf einer Bordsteinkante und gehörten eindeutig unterschiedlichen Generationen an. Der Ältere trug ein verwaschenes T-Shirt, einen speckigen Lederhut, fusselige, etwas schüttere Locken, dazu ein intensiver Blick aus eisblauen Augen. Der Jüngere trug Baseballcap, hatte hellen, noch etwas pubertären Teint, spielte mit schlaksigen Gliedmaßen an seinem Smartphone. Toll, dass ein Vater sich mit seinem Sohn aufmacht, dachte ich mir, aber auch: Das wird bestimmt krachen auf dem *Camino*.

Erst ein paar Tage später erfuhr ich, dass die beiden keineswegs verwandt sind, allerdings doch eng verbunden: Wolfgang war Sozialarbeiter aus Mannheim, er engagierte sich für sozial auffällig gewordene Jugendliche. So einer war Marcel, für ihn hieß die Alternative Jugendarrest oder Jakobsweg. Natürlich entschied sich Marcel für das Pilgern und bekam Wolfgang an seine Seite. Marcel sollte lernen, sich selbst, seinen Körper zu erfahren, sollte Ziele verfolgen, sich einordnen ins Pilgergeschehen, an (Leistungs-)Grenzen kommen, dabei seiner selbst besser bewusst werden.

Wolfgang ließ Marcel dazu viel Raum, der Jugendliche wirkte nun nicht mehr sozial auffällig als jede andere Pilgerin, jeder andere Pilger auch. Er fand Anschluss bei spätjugendlichen Mitpilgernden, lernte von den Anfang 20-Jährigen, dass man sich manchmal im Leben durchbeißen muss und dabei doch nicht die gute Laune verliert.

Nach ein paar Tagen bekam ich Marcel mal allein an meine Seite. Er erzählte mir auf einem Stück Weg, dass er, wenn er zurück ist, erst mal den Quali nachholen will und dass dann der Realschulabschluss anstünde. Unglaublich, der Junge entwickelt richtige Perspektiven, dachte ich für mich. Ja, denn er wolle möglichst bald Berufskraftfahrer werden, um dann auch die Speditionsfirma seines Großvaters übernehmen zu können, erzählte er. Jener sei nämlich vor Kurzem gestorben, was für Marcel ein schwerer Schlag war, denn der Opa war für ihn mangels Vater die männliche Hauptbezugsperson. Sein etwas älterer Bruder blieb nun seine einzige Stütze, was nach dem Tod der Mutter vor zwei Jahren unerlässlich war, um bestehen zu können. Ich verstand langsam, weshalb Marcel kleinere »krumme Dinger« drehte: sämtliche Menschen, die ihm wichtig waren, waren entweder abwesend oder tot, und sein Bruder, selbst überfordert und auch nicht gerade ein Vorbild in tadellosem gesellschaftlichem Verhalten, blieb der Einzige, bei dem er menschliche Nähe erfahren konnte. Auch die Wohngemeinschaft in dem Heim, in dem Marcel lebte, konnte ihm diese Nähe nicht geben. So kämpfte sich ein wütender, einsamer junger Mensch durch 30-Kilometer-Etappen und lernte, stolz auf sich zu sein und sich etwas zuzutrauen.

Ist das schon die Pilgerautobahn?

Wolfgang war da für ihn, aber wie ich bei einem Thekengespräch am Etappenziel nahe einer Herberge erfuhr, hatte auch er seinen inneren Rucksack zu tragen: Er war mit Anfang 50 fünffacher Vater, allerdings mit drei verschiedenen Frauen. Die erste, sehr jung geschlossene Ehe funktionierte nicht, Frau und zwei Kinder verließen ihn. Ein guter Grund, sich in eine neue Beziehung zu stürzen und ebenfalls bald zwei Kinder zu haben, jedoch weniger aus Liebe, vielmehr, um die Enttäuschung zu verarbeiten und die Leerstelle zu füllen. Was er und die Frau dann doch merkten und sich gütlich trennten. Nun war sein Herz wieder offen und fand Resonanz bei einer dritten Frau, die, fast 15 Jahre jünger, sich sehr ein Kind wünschte. Auch Wolfgang liebte es, mit Kindern zusammen zu sein, wenn er anwesend war, war er bestimmt ein toller Vater. Doch jetzt merkte er so langsam, dass auch die Zuneigung zur dritten Frau, die nun von ihm schwanger war, ins Wanken geriet. Diese wollte ihn jedoch unbedingt heiraten. Eine Zwickmühle, der Wolfgang auf seinem Pilgerweg zu entgehen suchte. Ob er hier eine Lösung fand? Zumindest schien es ihm zu gelingen, Marcel auf den richtigen Weg zu bringen. Vermutlich muss er noch öfter mit solchen Projekten zum Pilgern aufbrechen, bis er sein eigenes Leben ins Lot gebracht hat.

Die richtige Begleitung: Pilgern zu zweit, allein, in der Gruppe, mit Rad, Esel oder Hund?

Eine der wichtigsten Fragen, die sich angehende Pilgerinnen und Pilger stellen, ist jene, ob sie das allein oder in Gesellschaft tun sollen. Obwohl, manche stellen sich diese Frage gerade nicht – weil es für sie ganz klar ist: Sie gehen allein! Oder: Sie gehen auf keinen Fall allein! Sie gehen natürlich mit der besten Freundin! Mit dem geliebten Partner, mit wem sonst? Oder gar: nur mit Gruppe! Womöglich auch nur mit ausgebildetem Pilgerbegleiter oder -begleiterin. Selbstverständlich nur mit dem Fahrrad! Und manche wollten schon immer mal mit Esel oder Pferd pilgern …

Die Entscheidung fällt für viele ohne große Reflexion, dabei sollte doch gerade diese enorm wichtige Weichenstellung der Pilgerreise zumindest sehr bewusst getroffen werden. Im Folgendem werden die jeweiligen Alternativen ins Auge gefasst, Vor- und Nachteile gegeneinander abgewogen, damit die für die Pilgerreise sehr ausschlaggebende Sozialform auch zur eigenen Persönlichkeit und zum Anliegen passt.

Für viele ist ganz klar: Ich breche allein zum Pilgern auf. Anders als im Mittelalter, als man sich aus Sicherheitsgründen mit anderen Pilgernden und Reisenden zusammengetan hat, ist heute die Reiseform des Pilgerns so sicher und komfortabel geworden, dass man nicht mehr auf manchmal unliebsame Reisebegleitung bauen muss. Geht man allein, muss man kaum Kompromisse machen: Man kann jeden Tag aufbrechen und ankommen, wann man will. Die Geschwindigkeit oder Pausenfrequenz kann ganz individuell gestaltet werden. Braucht man dennoch mal Hilfe, wird man sich an andere Pilgernde oder die Menschen am Wegesrand wenden.

Je nach gewähltem Weg und Reisezeit wird man entweder weitgehend allein bleiben oder aber in vielfältige Gesellschaft geraten. Beides hat seine Vorteile: Gehe ich allein auf einen Weg im deutschsprachigen Raum, vielleicht sogar im Winter, treffe ich kaum andere Pilgerinnen und Pilger. Ich bin also in Ruhe mit meinem Thema und meinem inneren Prozess unterwegs. Alles kann ohne Störung bedacht und durchfühlt werden. Trifft man auf andere Pilgernde oder neugierige Menschen, wird man den Austausch wahrscheinlich sehr genießen.

Hat man sich dafür entschieden, allein auf einen viel begangenen Weg in Spanien oder Frankreich zu gehen, wird man schnell Kontakt knüpfen, was viele begeisterte Pilgerinnen und Pilger so schätzen. Gerade weil man niemanden bei sich hat, ist man offener im Blick auf andere, und auch diese tun sich leichter, Alleinreisende anzusprechen. In diese Gespräche fließen oft jene Impulse ein, die den inneren Prozess wertvoll mitgestalten und voranbringen.

Pilger und Pilgerinnen aus aller Welt sind in der Regel offen und gesellig. Dennoch gestaltet sich die Kontaktaufnahme oft buchstäblich Schritt für Schritt: Zunächst sehe ich den anderen Pilger am Weg, nicht viel später wird er wieder auftauchen, dann nicke ich ihm vielleicht zu, lächle dabei. Beim nächsten Kontakt grüßt man sich schon, fragt nach »woher«, womöglich auch »wohin« (obwohl die Richtung auf vielen Wegen ohnehin klar ist), und bald trinkt man einen Kaffee oder ein Bier zusammen. Und erzählt sich bei Sympathie oft schon wichtige Umstände des Lebens: von den inneren Prozessen, von den Sehnsüchten und von dem, was so nicht mehr weitergehen kann im Leben. Am nächsten Tag oder auch viel später, womöglich aber auch nie, sieht man sich wieder, greift den Gesprächsfaden wieder auf, durch weitere Kontakte am Weg befindet man sich mit seinem inneren Prozess inzwischen ganz woanders und kann sich wieder bereichernd unterhalten. So entstehen immer neue Konstellationen und Anknüpfungspunkte, mit der Zeit ergibt sich eine Art »Pilgerwelle«, mit der man mitschwimmt, keine feste Gruppe, weil mal jemand schneller oder langsamer ist, aber doch immer wieder dieselben Menschen, die von Herberge zu Herberge vertrauter werden und sich bisweilen zu Weggemeinschaften zusammenfinden.

Diese Kontakte, diesen Reichtum der Menschen auf dem Weg, kann man sich am leichtesten allein erschließen. Auf diese Weise kommt man zu den vielfältigsten Impulsen von unterschiedlichsten Menschen, jung oder alt, zwischen Kanada und Neuseeland. Man kann sich aber gleichzeitig sehr gut auf sich selbst konzentrieren und auch immer wieder neue Kontakte knüpfen, weil man zu nichts verpflichtet ist und Weggemeinschaften sich wie sehr lebendige Organismen vital verändern.

Und wenn ich niemandem begegne? Werde ich es mit mir selbst aushalten? Wenn diese Fragen auftauchen, ist es höchste Zeit, es auszuprobieren.

Oder ich entscheide mich, mit einem guten Freund, einer engen Freundin zu gehen. Wir sprechen sonst über uns, über das Leben, Freud und Leid im Alltag, aber auch über das Universum, Gott und den ganzen Rest. Diese Gespräche werden sich verändern, wenn sie auf einem Weg, in Bewegung geschehen statt statisch in einem Zimmer. Die Gedanken, die Gefühle kommen mit den Füßen in Schwung. Beide schauen in dieselbe Richtung – dabei geschieht etwas anderes, als wenn man sich gegenübersitzt und sich ansieht. Weshalb finden so viele therapeutische Gespräche und Coachings statisch in Räumen statt? Käme doch durch einen gemeinsam geteilten Weg oft ein tieferes Verständnis und eine heilsamere Lösung heraus.

Zu zweit zu gehen heißt aber auch: Kompromisse eingehen zu müssen. Schon wieder. Und das auch noch in einer Ausnahmesituation, in der man mit seinen Grenzen zu kämpfen hat. Mit vertrauten Menschen ist man eingespielt, aber die Mechanismen und Abstimmungen funktionieren plötzlich nicht mehr. Die Bedürfnisse sind sehr unterschiedlich: Man will sein eigenes Tempo gehen und muss dennoch Rücksicht nehmen, fühlt sich gehetzt oder gebremst. Der eine ist morgens schneller, die andere braucht abends mehr Zeit. Wenn die Herausforderungen des Weges dann zu Stress führen,

Zu zweit gibt Halt, hält aber auch fest

kann und muss man sich plötzlich ganz neu kennenlernen. Man sollte schon vorher darüber nachdenken, ob man das wirklich will.

Zu bedenken ist auch die Auswirkung auf den inneren Prozess: Viele Menschen möchten sich auf dem Pilgerweg ändern, sich wandeln. In der Regel wollen jedoch Menschen, mit denen man vertraut ist und die man deshalb mit auf den Weg nimmt, dass man sich gerade nicht verändert, denn sie schätzen einen ja so, wie man bisher war. Werden sie dann meinen Wandel verstehen und unterstützen? Werde ich mich, weil mich der andere so kennt, um der Beziehung willen möglichst in gleicher Weise verhalten wie sonst?

Oder ist es noch schlimmer: Der Mensch, mit dem ich mich auf den Weg mache, möchte durchaus, dass ich mich verändere. Aber so, wie er es will! Das wird nicht funktionieren. Auf dem Weg wird man vielleicht zu sich selbst finden, aber sicher nicht zu dem Wunschbild werden, das andere von einem haben.

Klar ist aber auch: Vieles lässt sich zu zweit leichter bewältigen. Man teilt sich Ausrüstung oder Lebensmittel, kann sich gegenseitig Mut machen und die neu gemachten Erfahrungen in der eigenen Sprache und im eigenen Bezugsrahmen miteinander teilen.

Wer sich für den Weg mit einer Gruppe entscheidet, tut das oft, weil eine ohnehin schon bestehende Gemeinschaft von Menschen, zum Beispiel ein Freundes- oder Kolleginnenkreis, sich auf den Weg machen will. Die Planung wird von einem oder einer aus der Gruppe übernommen, die anderen können sich hoffentlich darauf verlassen, dass alles organisiert ist. Oft ist das ein nettes Gruppengeschehen, aber man muss achtgeben, dass der Pilgerweg nicht zur bloßen Kulisse für die Feier des Gemeinschaftserlebnisses wird. Das könnte man beispielsweise daran merken, dass eine Gruppe nicht mehr offen ist für andere Pilgernde oder für das Geschehen am Wegesrand. Inzwischen kommen auch Firmen auf die Idee, ihren Betriebsausflug auf einem Jakobsweg zu veranstalten, oder Personalabteilungen nutzen das Pilgern als Methode des Teambuildings. Auch hier ist zu wünschen, dass das Weggeschehen nicht privatisiert wird, sondern die Menschen mit dem in Beziehung stehen, was drum herum geschieht.

Immer mehr begeisterte Pilger und Pilgerinnen, die womöglich auch noch Erfahrung in der Arbeit mit Gruppen haben, lassen sich zu Pilgerbegleitern oder -begleiterinnen ausbilden. Sie haben dann gelernt, für eine Gruppe verschiedene Aufgaben zu übernehmen, sie sind eine Mischung aus Bergführerin und Regisseur, aus Seelsorgerin und Hirte. Sie bieten meist bei kirchlichen Trägern ein- oder mehrtägige Pilgerreisen zu bestimmten Themen an. An solchen gemeinsamen Pilgerreisen teilzunehmen hat den Vorteil, dass man sich um viele Dinge wie Planung und Organisation nicht kümmern muss. Man kann sich ganz auf den inhaltlichen Prozess konzentrieren, der im besten Fall durch anregende Impulse und einer Mischung aus Austausch und Schweigen gestaltet und begleitet wird.

Hat man nur ein paar Tage Zeit, befindet sich aber dennoch in einer Lebenssituation, die Wandel erfordert, kann es eine sehr gute Idee sein, sich so einer begleiteten Gruppe anzuschließen, in der Menschen, die in ähnlichen Lebenssituationen sind, einen Weg gemeinsam teilen. Für solche Gruppen können die unten beschriebenen Wegbeispiele entsprechende Anregung sein.

Die gewachsene Form des Pilgerns ist, äußerlich betrachtet, das Wandern. Das lag historisch oft daran, dass man sich eine andere Form des Reisens nicht leisten konnte. Wer das nötige Kleingeld hatte, pilgerte durchaus per Pferd, Kutsche oder Schiff. Auch heute gibt es Pilgerziele wie Mekka oder Jerusalem, die selten erlaufen werden. Auf den Jakobswegen, auf denen das Pilgern in den letzten Jahrzehnten wieder populär wurde, wird zwar die Fortbewegung zu Fuß bevorzugt, aber immer mehr Menschen kommen auf den Gedanken, dass man ja auch mit dem Fahrrad nach Santiago de Compostela reisen könnte. Die entsprechende Urkunde wird ausgestellt, wenn man nachweist, die letzten 200 Kilometer mit dem Rad (oder dem Pferd) zurückgelegt zu haben. Diese Art des Pilgerns hat den großen Vorteil, dass auch Menschen, die nicht mehr gut zu Fuß sind, oder jene, die ihr Gepäck nicht selbst auf dem Rücken tragen können, ans Pilgerziel gelangen können. Meiner Beobachtung nach sind es aber viel öfter körperlich sehr gut trainierte Menschen, die entweder schlicht lieber Fahrrad fahren statt zu laufen oder sich einfach nicht so viel Zeit wie nötig nehmen wollen, um zu Fuß ans Ziel zu gelangen. Sie haben eben nur ein paar Tage und wollen trotzdem ankommen, oder sie haben vier Wochen, möchten in diesen jedoch nicht nur die letzten 800 Kilometer, sondern den ganzen Weg von der Haustür bis zur Kathedrale von Santiago schaffen.

Mal abgesehen davon, dass das geteilte Miteinander eines Weges zwischen Gehenden und Fahrenden nicht immer konfliktfrei abläuft und manche Pilgerwege für Radfahrer wirklich nicht geeignet sind: Läuft diese Beschleunigung der entschleunigenden Weise des Pilgerns nicht entgegen? Manche machen sicher auch mit dem Fahrrad ähnliche Erfahrungen wie Fußpilger. Aber die Wahrnehmung der Umgebung ist nicht mehr dieselbe, und auch die wachsende Gemeinschaft mit anderen Pilgernden mag sich nur schwer einstellen, denn man trifft sich selten häufiger als einmal: Andere Radpilger haben eine abweichende Etappenplanung und Fußpilgernde sowieso. Die oft geschätzte Pilgergemeinschaft, die sich sonst über Tage aufbaut, bleibt also auf der Strecke. Um der drohenden Einsamkeit vorzubeugen, machen sich Radpilger deshalb oft in Gruppen auf und bleiben so erst recht unter sich.

Hape Kerkelings englische Pilgerfreundin Anne beschreibt in ihrem Buch »Ich bin da nochmal hin«, wie sie beim zweiten Mal versuchte, eine Pilgererfahrung mit dem Fahrrad zu machen. Nach einigen Tagen lässt sie das Rad entnervt zurück: Auf diese Weise hat sie das Pilgern einfach nicht in einer vergleichbaren Intensität zum Pilgern zu Fuß erfahren.

Ebenfalls gut überlegt sein will die Alternative, mit Vierbeinern zu reisen. Pferd und Esel können die Last des Gepäcks erleichtern, von den Schwierigkeiten und Freuden berichten Tim Moore in »Zwei Esel auf dem Jakobsweg« und Carmen Rohrbach in »Muscheln am Weg«. Beide beschreiben, wie viel Aufmerksamkeit auf den treuen Reisegefährten fallen muss. Erst muss das Tier versorgt werden, dann der Mensch. Das Gleiche gilt für den Hund als Pilgergefährten. Mag er

Können Pferde Muscheln lesen?

auch zu Hause ein treuer Begleiter in Freud und Leid sein, auf dem Pilgerweg wird der Hund viel Aufmerksamkeit fordern. Energie, die eigentlich für den eigenen inneren Prozess nötig wäre, braucht der Hund, entweder für seine Versorgung (es ist nicht immer leicht, Quartier und Nahrung für den Vierbeiner zu finden), oder weil er mal wieder seinen eigenen Weg gehen will. Schon einige Menschen haben mich gefragt, ob sie ihren Hund zu einer gemeinsamen Pilgerreise in der Gruppe mitnehmen könnten. Ich hatte immer abgeraten – und alle, die auch ohne Hund mitgepilgert sind, haben im Nachhinein bestätigt, dass es die richtige Entscheidung war.

Wann das Pilgern beginnt – und wie es noch lange nicht endet

Die Wanderstiefel geschnürt, den Rucksack aufgesattelt und los geht's auf dem Jakobsweg: So beginnt Pilgern – glauben manche. Aber nein, viel, viel früher! Denn ganz am Anfang des Pilgerns war die Sehnsucht. Die Sehnsucht, dass irgendetwas anders werden muss, irgendetwas im Leben nicht passt. Man ist auf der Suche nach sich, nach Gott, nach einer Lösung. Möchte etwas hinter sich lassen, in etwas Neues aufbrechen. Wenn man in so eine Lebensphase hinein etwas vom Pilgern hört – Begeisterte erzählen, man liest etwas darüber, sieht einen *Camino*-Film – kann es »gefährlich« werden: Hier liegt für viele die Keimzelle des »Pilgervirus'«. Meist dauert es dann noch Wochen, Monate, manchmal Jahre, bis die Absicht ins Bewusstsein dringt: Ich will auf den Jakobsweg.

Der Moment der Entscheidung ist es, der den Beginn des Pilgerns begründet. Ab jetzt geht es los: Man sammelt Informationen über den Weg, macht sich Gedanken über Gepäck, über Äußeres und Inneres – was soll mich unterwegs belasten? Neugier, Unsicherheit, Vorfreude, Ängste, Vertrauen wechseln sich ab: Wie werde ich damit fertig, meine Komfortzone zu verlassen, nicht alles planen zu können, mich dem Weg anzuvertrauen? Meine Sorge vor zu viel: Hitze, Schmutz, Pilgermassen, Gewicht; oder meine Sorge vor zu wenig: Betten, Intimsphäre, Sicherheit. Man ist mit diesen Fragen schon mittendrin im Pilgerprozess, ohne bisher einen einzigen Schritt gegangen zu sein.

Auch die Reise zum äußeren Ausgangspunkt der Pilgerreise gehört unbedingt zu diesem Prozess. Viele suchen beim Pilgern Entschleunigung – und diese so schnell wie möglich. Deshalb kommen manche gar nicht auf die Idee, dass ein Flugzeug möglicherweise nicht das passende Verkehrsmittel sein könnte, um an den Ort zu gelangen, an dem die äußere Pilgerreise beginnt. Wer es etwas geruhsamer angehen lässt, fährt mit dem Zug oder bricht überhaupt an der Haustür auf. So entsteht eine Beziehung zwischen dem inneren Aufbruch und dem äußeren Ort, an dem man nun tatsächlich in die Wanderstiefel steigt und lostapft.

Was dann geschieht, ist der äußere Pilgerprozess, der so

aussieht wie Wandern – und doch ganz anders ist. Der Unterschied zwischen Pilgern und Wandern ist nicht einfach zu erklären. Menschen, die Pilgern erlebt haben, kennen ihn, viele Wanderer tun sich schwer, nachzuvollziehen, was auf dem Pilgerweg geschehen kann, was sie nicht auch auf normalen Wanderwegen erleben können. Vielleicht ist der Unterschied auch nicht so wichtig – Hauptsache, man macht sich auf, lässt sich ein und bewertet nicht, ob die anderen nun »echte« Pilger und Pilgerinnen sind oder nicht. Jede und jeder macht den eigenen Weg – und nur, weil ich ganz besondere Erfahrungen mache, die für mich die richtigen sind, kann ich nicht davon ausgehen, dass ein anderer Mensch alles genau wie ich machen muss, um auch eine wichtige Erfahrung zu machen. Der Weg wird's schon richten.

Auch die Frage, ob der Weg nun das Ziel ist oder ob es ohne das Ziel den Weg gar nicht gäbe, ist eher eine nebensächliche. Es geschieht etwas Besonderes auf dem Weg, der zum Ziel führt. Das ist entscheidend. Und am Ziel, in Santiago de Compostela oder an einem anderen Ort, den man für sein eigenes äußeres Pilgerziel ausgewählt hat, geschieht ebenfalls etwas Besonderes. Manchmal spürt man es vielleicht nicht unmittelbar, weil die Erwartungen alles überlagern. Aber in der Rückschau wird man merken, dass es etwas Einzigartiges war, anzukommen.

Weil vieles erst in der Deutung geschieht, gehört auch die Zeit nach der äußeren Reise noch zum Pilgerprozess. Und weil das so ist, ist Pilgern eben nicht in Santiago, in Finisterre, in Le Puy, in Trondheim, Rom oder wo auch immer zu Ende.

Darum ist es von besonderer Bedeutung, die Rückreise in den Pilgerprozess bewusst mit einzubeziehen. Ein Flugzeug, das einen Pilger, eine Pilgerin nach 30 Tagen unterwegs innerhalb von drei Stunden nach Hause bringt (womöglich noch mit Zwischenhalt auf Mallorca), ist nach meiner Ansicht eher ungeeignet, eine seelengerechte Heimreise zu gewährleisten. Von Santiago nach Deutschland beispielsweise kann man mit dem Zug innerhalb zweier Tage reisen und dabei vieles Erlebte nochmal Revue passieren lassen. Auf diese Weise spinnen sich die Fäden zwischen Ziel und Heimat. Sie spinnen sich im Zug leichter als im Flugzeug, denn Spinnen braucht Zeit. Auch für kleinere Reisen ist es also ratsam, sich die angemessene Rückreisemöglichkeit auszuwählen.

Wieder in heimischen Wänden, beginnt noch einmal eine spannende Phase des Pilgerns, die am meisten unterschätzt und deshalb kaum vorgeplant wird: jenes emotionale Loch, in das man erst mal fällt, wenn man sich aus der Pilgergeborgenheit gelöst hat und wieder im Alleinsein zu Hause oder in der dort wartenden Gemeinschaft ankommt. Innerlich ist man in der Regel noch immer auf dem Weg, deshalb sollte nun alles Erlebte mit etwas Abstand angeschaut, gedeutet und ins eigene Leben integriert werden. Hier entsteht auch die berühmte Einsamkeit des Pilgers oder der Pilgerin: Das, was man auf seiner Pilgerreise erlebt hat, kann zu Hause wohl niemand nachvollziehen. Und die Kontakte zu den Weggefährten aus aller Welt halten oft auch nicht länger als ein paar Wochen. Jede und jeder wieder in der eigenen Welt, das kann einsam machen, gerade nach so einem intensiven Erlebnis. Gut, wenn man dann über eine Pilgergemeinschaft oder einen Pilgerstammtisch Kontakte hat, die die Energie lebendig hält.

Wie teilt man aber die Geschehnisse mit den lieben Menschen zu Hause, die all das nicht miterlebt haben, was mich so ver-rückt hat? Das fragte mich die 25-jährige Marie aus Magdeburg. Sie war traurig, die Weggemeinschaft, die sich nach 10 Tagen auf dem *Camino Francés* gebildet hatte, hinter sich zu lassen. Sie weinte aber auch, weil sie wusste, dass ihr Freund, der all das nicht erlebt hatte, sie nicht verstehen würde. Wir berieten gemeinsam und kamen auf eine Lösung für Menschen, die sich wirklich für den zurückgekehrten Pilger bzw. die Pilgerin interessieren. Man lädt sie ein, sich einen Tag mit auf einen heimischen Pilger- oder Wanderweg zu machen. Und bittet sie, diesen einen Tag nur zuzuhören und sich über das Pilgergeschehen zu unterhalten. Einzufühlen in das, was war, buchstäblich mit hineinzugehen in das Erlebte. Vielleicht gelingt es auf diesem Weg, ein wenig davon zu teilen, was während des Pilgerns so Besonderes, Lebenserschütterndes und Horizonterweiterndes geschehen ist. Ein schöner Zug wäre es dann aber auch, einen zweiten Tag oder zumindest ein paar Stunden zu investieren, um zu hören, was der oder die Daheimgebliebene in dieser Zeit erlebt hat. Denn zu Hause war jemand allein, hat vielleicht gewartet, in dem Bewusstsein, dass da ein wichtiger Mensch in der Ferne pilgernd gerade einen Prozess durchmacht, der einiges im bisherigen Leben durcheinanderwirbeln wird. Und bei dem man noch nicht absehen kann, wie dieser Prozess vielleicht auch auf das zukünftige Zusammenspiel von Pilgerndem und Daheimgebliebenen einwirkt.

Wie lange bleibt man Pilger oder Pilgerin, auch wenn man nicht mehr auf dem Weg ist? Für die einen ist es ein Abenteuer, das nachwirkt, aber dann doch irgendwann abgeschlossen ist, ähnlich wie andere beeindruckende Urlaubsreisen. Für andere ist es ein Erlebnis, das sie immer wieder suchen, weil es so eindrücklich war und weil diese Lebensintensität im Alltag kaum zu haben ist. Wieder andere bleiben im Herzen Pilger oder Pilgerin, auch wenn sie nicht mehr äußerlich auf dem Weg sind. Aber der innere Prozess geht weiter, die Erfahrungen werden in das alltägliche Leben integriert: Nun kann aus der Fülle gelebt werden. Auf Pilgerwegen – und, noch viel wichtiger, auch zu Hause.

Wie viel Zeit will ich investieren?

Viele schauen bei der Planung zunächst aufs Zeitbudget. Besser wäre es, die Länge der Reise nach der Intensität des Prozesses auszurichten – wie viel Raum möchte ich meinem Wandlungsprozess geben?

Mit eintägigen Pilgerwegen, mit fünftägigen oder vierwöchigen Reisen erreicht man jeweils sehr unterschiedliche Tiefengrade. Gerade für Menschen, die sich an das Pilgergeschehen erst herantasten, ist bereits die Entscheidung, eine Übernachtung mit einzuplanen, ein großer Schritt. Und tatsächlich möchte ich dazu Mut machen: Eine Pilgernacht führt erfahrungsgemäß zu einer tieferen Erlebnisdimension, als abends wieder zu Hause zu sein.

Dabei sind einige Punkte zu bedenken. Vielleicht am wichtigsten: An welchem Ort will ich starten? Wo ist mein Ziel? Der Startpunkt ist ein entscheidender, mit ihm gilt es, sich zu verbinden. Pilger und Pilgerinnen brechen nicht einfach so auf, sie bauen eine Beziehung zu ihrem Ort des Aufbruchs sowie zu ihrem Ziel auf.

Vielleicht gibt es am Startort gar einen traditionellen Platz, an dem Pilger und Pilgerinnen schon früher aufgebrochen sind. In vielen Städten sind es zentrale Orte, oft mit einem Brunnen, an dem sich Pilgerinnen und Pilger seit jeher getroffen haben, um ihre Reise zu beginnen. Gibt es in der Nähe eine Kirche, ein Kloster, wo die Möglichkeit besteht, einen Segen, vielleicht eine kleine Aussendungsfeier zu erbitten? An vielen Orten ist es möglich, zum Beispiel Pfarrer oder Pfarrerinnen, Mönche, Nonnen und Schwestern um dieses Anliegen zu bitten. Nur Mut! Wenn eine Kirche oder ein Kloster an einem Jakobsweg liegt, wird diese Bitte den Geistlichen nicht fremd sein und oft gern erfüllt werden. An manchen klassischen Startpunkten werden schon regelmäßige Termine, zu

Kirchenräume gewinnen neue Bedeutung

denen Pilger und Pilgerinnen ausgesandt werden, oder gar Segnungsgottesdienste für Pilgernde angeboten.

In jedem Fall lohnt es sich, die Startsituation besonders zu gestalten, weil es hier gilt, sich mit sich selbst, der besonderen Situation, vielleicht anderen Menschen und mit einem Ort zu verbinden. Ein Ritual ist nötig, das deutlich macht, dass nun nach vielen Ideen, Planungen, Vorentscheidungen auch das äußere Pilgern beginnt.

Ganz besonders ist es freilich, wenn der Startpunkt die eigene Haustür ist. So sind Pilger und Pilgerinnen schon immer aufgebrochen: von zu Hause. Mit dem bewussten Überschreiten der Schwelle beginnt die äußere Reise.

Wie lang sollen die Etappen sein?

Bei der Planung der Etappen sind in erster Linie die Möglichkeiten zur Übernachtung ausschlaggebend. Gleichzeitig ist es wichtig, die eigenen körperlichen und mentalen Fähigkeiten im Blick zu haben. Auch das Thema der Reise, der jeweilige Lebensübergang spielt eine wichtige Rolle: Geht es darum, mit Grenzerfahrungen umzugehen? Dann ist es durchaus möglich, Etappen einzuplanen, die 30 Kilometer umfassen. Geht es um Entschleunigung und darum, sich nicht mehr so stark über Leistung zu definieren, sind vielmehr Etappen um 20 Kilometer empfehlenswert.

Für viele Pilger und Pilgerinnen, die länger unterwegs sind, hat sich eine Tagesetappenlänge von durchschnittlich etwa 25 Kilometer herauskristallisiert. Soll an diesem Tag noch etwas Zusätzliches über das Gehen hinaus geschehen, beispielsweise die Anreise, Abreise oder eine Stadtführung, eine Klosterbesichtigung, sollte die Etappe entsprechend angepasst werden. Auch ist es empfehlenswert, es am ersten Tag etwas ruhiger angehen zu lassen und nicht zwei sehr anspruchsvolle Tage hintereinander zu planen. Aber natürlich gilt, dass der Weg das Geschehen vorgibt.

Das Zielerlebnis gestalten

Nicht jede Pilgerreise wird am Ziel aller Jakobswege, in Santiago de Compostela, oder an einem anderen ganz besonderen traditionellen Pilgerziel enden. Wenn aber Pilgern immer auch die Reise zu einem heiligen Ort ist, lohnt es sich darüber nachzudenken, was den Ort, den ich als Zielort ausgewählt habe, besonders macht, was ihn heilig macht. Welche Rituale sind dort geplant, um meine äußere Pilgerreise gut zu Ende zu bringen? Wie gelingt es, aus dem Pilgern wieder auszusteigen? An einigen Pilgerzielen organisieren Pilgergemeinschaften oder Geistliche einen Empfang. Vielleicht will ich aber auch selbst für meine spirituellen Rituale sorgen?

Eine gute Idee ist es, am Zielort zu übernachten und nicht unmittelbar nach der Ankunft in den Bus oder Zug zu steigen. Vielleicht bin ich Tage oder Wochen auf diesen Ort zugelaufen, nun sollte ich mir auch die Zeit nehmen, ihn wahrzunehmen und auf mich wirken zu lassen. Für den inneren Reflexionsprozess am Ziel sollte auch noch Zeit sein und ein passender, ruhiger Ort gewählt werden. Es geht darum, nochmal auf die Reise zurückzuschauen, Erlebtes in Erinnerung zu rufen, abschließende Erkenntnisse zu formulieren und oft auch deutlich zu machen, was in Zukunft, nach Rückkehr von der Pilgerreise, also im Alltag anders werden soll.

Laurance

Ich traf Laurance in der Touristeninformation eines kleinen Örtchens in Südfrankreich. Sie erkannte mich unmittelbar als Pilger, der nach dem Weg zur Pilgerherberge fragen wollte. Ihr spontanes, offenes Wesen, ihre Batikhosen und das bunte Baumwollhemdchen ließen sie deutlich jünger wirken als die 50 Jahre, die sie tatsächlich alt war. Sie kenne den Weg, behauptete sie. Dass sie leider mit einem sehr schlechten Orientierungssinn ausgestattet war, bekam ich zu spüren, als wir durch das Dörfchen irrten, ich mit meinem Rucksack, den ich nach gut 30 Kilometern in mediterraner Hitze doch deutlich auf den Schultern spürte. Unerklärlich war mir, dass sie selbst direkt vor dem Gartentor stehend die dazugehörige Herberge nicht wiedererkannte.

Später saßen wir bei einem Panaché in der Bar des Ortes, die wir glücklicherweise ohne Umwege fanden, beisammen. Ja, eigentlich fühle sie sich gar nicht recht als Pilgerin, meinte Laurance. Sie war letztes Jahr schon mal in den Pyrenäen am Somport-Pass unterwegs und musste wegen

Fußproblemen aufgeben. Sie verstehe das gar nicht, sie sei eigentlich gut zu Fuß und wandere auch gern. Und jetzt, beim zweiten Anlauf, wieder Probleme: schlimme Blasen, die das Gehen zu einer Qual machten. Ich fragte sie mit hintergründigem Blick, woher diese Fußprobleme wohl kämen – hatte ich doch oft bei anderen und bei mir selbst erfahren, dass körperliche Probleme beim Pilgern oft einen seelischen Hintergrund haben. Nein, meinte Laurance, für solche Küchentischpsychologie habe sie nichts übrig, so eine Pilgerin sei sie nicht. Ich fragte nach, was sie denn eigentlich auf den Weg bringe, wenn das alles doch nichts anderes als eine verlängerte Wandertour sei. Laurance meinte daraufhin, natürlich sei es anders, auf einem Pilgerweg zu sein: Die Menschen am Wegesrand seien viel freundlicher und die anderen Pilger und Pilgerinnen offen und neugierig. Ja, genau, und deshalb wollte ich doch noch wissen, was sie auf den Weg bringe, erinnerte ich an meine ursprüngliche Frage. Laurance schluckte ein wenig, aber dann wollte sie es doch loswerden: Es sei der Job, meinte sie. Sie habe da seit einiger Zeit eine Kollegin, die die Arbeit geradezu an sich reiße. Auch bei ihren Geschäftskontakten schalte sie sich ein und mische mit, streue auch üble Gerüchte. So halte die Kollegin immer mehr Fäden in der Hand, Laurance fühlte sich immer weiter an die Wand gedrängt. Sie sei in einer Weise gemobbt worden, dass sie nun die Firma verlassen müsse, weil sie sowohl intern als auch bei Geschäftspartnern nun einen ganz schlechten Stand habe. Deshalb müsse sie kündigen und sich einen neuen Job suchen – mit 50 Jahren sei das kein Spaß mehr.

Zum Glück wurde gerade ein neues Getränk gereicht, die Stimmung war nun wirklich nicht mehr sommerlich entspannt. Ich wollte nochmal die schmerzenden Füße zur Sprache bringen. Mal alles psychologisieren beiseite lassend fragte ich sie, weshalb sie vermute, dass es ihren Füßen hier so viel schlechter gehe als bei einer Wandertour. Sie meinte, sonst gehe sie doch eher eintägige Touren, da sei die Belastung natürlich ganz anders und auch das Gepäck viel leichter. Ob ich denn bei wochenlangen Pilgerreisen keine Blasen hätte, fragte sie. Schon, reichlich, antwortete ich, aber ich wisse inzwischen besser damit umzugehen. Laurance schaute mich fragend an. Ich erklärte, dass ich meine Füße auf meine Pilgerreisen vorbereite: Schon zwei Wochen vorher versuche ich, die Füße durch das Eincremen mit Hirschtalg geschmeidiger zu machen. Auch die ersten Tage unterwegs creme ich noch weiter. Und dann versuche ich, achtsam zu sein, wo etwas reibt und eine Blase entstehen könnte. Diese Hautstelle klebe ich dann rigoros mit qualitativ hochwertigem Tape aus der Apotheke ab. Und wenn es dann doch mal zu einer Blase kommen sollte, greife ich darauf zurück, was ich von Manolo aus Malaga gelernt habe: eine Drainage zu legen! Laurance schaute neugierig, aber auch mit Falten auf der Stirn. Jetzt war ich in meinem Element. Eine Drainage lege ich, indem ich Nadel und Faden desinfiziere und beides durch die äußere Blasenhaut ziehe. Danach lasse ich den Faden in der Wunde und hoffe, dass so das Wundwasser in der Blase austrocknet, ohne dass die äußere Haut, die die Wunde ja schützt, verletzt wird. Im Idealfall bleibt die Haut vorhanden, der Druck ist weg, die Wunde über Nacht ausgetrocknet und kann heilen. Dass so mancher Mediziner ob dieser Kurpfuscherei und der erhöhten Infektionsgefahr die Hände über dem Kopf zusammenschlagen würde, verrate ich ihr an dieser Stelle nicht. Wohl aber, dass sowohl an meinen eigenen Füßen als auch an jenen vieler Mitpilgerinnen und -pilger durch das Drainagelegen ein Weiterpilgern möglich wurde. Laurance hatte mir sehr aufmerksam zugehört, zunehmend entsetzt. Sie tue genau das Gegenteil!, sagte sie. Wenn sie eine Blase habe, dann öffne sie sie und schneide großzügig die alte Haut ab. So läuft sie auf hoffentlich verpflastertem rohem Fleisch, ein unglaublicher Schmerz (wie ich aus eigenen Anfangserfahrungen beim Pilgern weiß). Ihr wird klar, dass sie so mit ihren Blasen umgeht, wie es Mediziner gerade nicht empfehlen, die Haut muss möglichst lang als Schutz erhalten bleiben!

Nun konnte ich es nicht lassen, doch noch eine Verbindung zwischen Pilgern und Alltag herzustellen: Ich fragte Laurance, ob es wohl sonst in ihrem Leben öfter solche Situationen gebe, in denen sie erst nicht gut auf sich achte und dann auch noch auf veraltete Konzepte zur Lösung zurückgreife. Sie wurde nachdenklich, ihr Blick gar traurig. Anscheinend hatte ich, ganz ohne Küchentischpsychologie, einen wunden Punkt getroffen.

Sie sei noch nicht fertig mit dem Pilgern, wurde ihr klar. Am nächsten Tag nahm Laurance den Bus in die nächste Stadt und von dort den Zug nach Hause. Bevor sie aufbrach, notierte sie sich noch »Tape und Hirschtalg«. Ob sie sich das nächste Mal besser zu schützen weiß?

Die Komfortzone verlassen

Das eigene Gepäck selbst tragen

Weshalb ist es so wichtig, dass jeder und jede das eigene Gepäck selbst trägt? Die einfache Antwort lautet: Der Rucksack ist ein Spiegel für innere Lasten, die man mit sich schleppt. Diese kann man ebenfalls nicht so einfach abgeben. Für viele ist es eine besondere Erfahrung, sich beim Gepäck auf das Nötigste zu konzentrieren. Die meisten ahnen gar nicht, wie wenig sie eigentlich brauchen.

Leben in Fülle

Die Entscheidung, was mitgenommen werden soll, ist nicht einfach und gehört schon zum Prozess des Pilgerns. Viele Pilgerreiseführer und auch das Internet bieten Packlisten an. Ich halte es für wichtig, nach der Pilgerregel: »So wenig wie möglich, aber alles, was nötig« vorzugehen. Dabei gibt es verschiedene Themen, auf die ich mich vorbereiten muss. Jeder Pilger, jede Pilgerin muss letztlich die eigene individuelle Lösung dafür finden. Das mag vielleicht beim ersten Mal noch nicht perfekt gelingen, aber mit der Zeit macht man die (manchmal leidvollen) Erfahrungen, die zu einer guten Lösung führen.

Es geht darum zu entscheiden: Wie viel kann ich tragen? Was ist lebensnotwendig? Was ist überflüssig? Was brauche ich zum Schutz? Zur Pflege? Um so auszusehen, wie ich es mir wünsche, ohne den eigenen Kleiderschrank und Kosmetik-/Pflegeutensilien mittragen zu müssen? Welchen Luxus leiste ich mir ganz bewusst?

Kleine Anekdote an dieser Stelle: Ein Pilger, der kein Haar mehr auf dem Kopf trug, hatte zum großen Erstaunen der Mitpilgernden einen Föhn dabei. Er wollte sich nach dem Duschen die Restfeuchtigkeit zwischen den Zehen wegföhnen, um garantiert trockene Füße zu haben. Gerade bei den weiblichen Pilgerinnen um ihn herum war er mit diesem Luxusartikel sehr beliebt!

All die nötigen und weniger nötigen Dinge mitzutragen ist eine wichtige Erfahrung. Viele können sich nicht an die empfohlene Vorgabe, nur 10 Prozent des Körpergewichtes mitzunehmen, halten. Manche kommen gut damit klar. Andere leiden so unter zu großer Last, dass sie in einer Unterkunft Überflüssiges deponieren oder auch per Post nach Hause schicken. So entsteht die wichtige Erfahrung: Ich brauche eigentlich sehr wenig!

Manche benötigen dennoch mehr, als ihr Körper tragen kann. Wenn sich Pilgerinnen und Pilger zu viel zugemutet haben oder wenn krankheitsbedingt nur wenig Gepäck selbst getragen werden kann, stellt sich die Frage nach Entlastung. Lässt sich ein Teil des Gepäcks an andere Pilgernde am Weg, die dasselbe Ziel haben, umverteilen? Nimmt einem gar ein besonders kräftiger Pilger eine Zeitlang den Rucksack ab? Wenn jemand das zulassen kann, ist es eine interessante Bereicherung, die eigene äußere Last ein wenig teilen oder abgeben zu können. Es ist aber auch immer wieder spannend, wie schwer es fällt, jemand anderen mit der eigenen Last zu belasten – manche plagen sich lieber weiter selbst und bleiben allein mit äußerer und innerer Schwere.

So weit die Füße tragen – oder auch nicht

Immer wieder kommt es vor, dass Pilger oder Pilgerinnen eine Tagesetappe nicht bewältigen können. Sie haben sich körperlich falsch eingeschätzt, die Belastung unterschätzt.

Oft sind es körperliche Gründe, seltener psychische. Ein Grund, die Reise abzubrechen? Es lohnt sich, nach Alternativen zu schauen. Gibt es öffentliche Verkehrsmittel? Ein Taxi? Kann vielleicht jemand aus einer Herberge, einem Kloster mit einem Fahrzeug unterstützen? Häufig gibt es hilfreiche Engel am Wegesrand, wenn die Not groß ist. Am Tagesziel kann man sich erholen, versorgen, verarzten lassen und vielleicht schon am nächsten Tag wieder weitergehen. Die Heilungskräfte des Körpers sind immer wieder ganz erstaunlich.

Andererseits ist es auch möglich, dass eine Fortführung einer Pilgerreise manchmal nicht mehr sinnvoll erscheint, weil man sich damit nachhaltig körperlich schädigen würde. Wenn das so ist, muss man mehrtägig pausieren oder auch nach Hause fahren. Menschen, die diese Erfahrung gemacht haben, berichten, dass sie darin etwas Wichtiges gelernt haben. Und die meisten versuchen nach einiger Zeit eine Fortsetzung der Pilgerreise. Sie haben den Eindruck gewonnen, dass noch ein Handlungsstrang ihres Lebens ungelebt ist.

Keine Einzelzimmer?!

Viele Menschen haben es seit ihrer Jugend nicht mehr erlebt: mit anderen, die nicht zu ihrer Familie gehören, in einem Zimmer zu schlafen. Privat-, ja Intimsphäre ist wichtig – normalerweise. Weshalb gibt es dann auf vielen Pilgerreisen keine Einzelzimmer? In französischen oder spanischen Herbergen erleben Pilgerinnen und Pilger, dass es durchaus möglich ist, mit anderen Menschen gemeinsam in einem Raum, womöglich noch in Enge und in unkomfortablen Stockbetten zu schlafen.

Kann man sich abends nicht in sein persönliches Zimmer zurückziehen, ist es auch nicht möglich, das eigene Seelenkostüm wieder aufzupolieren, die Rüstung erneut anzulegen und am nächsten Tagen den Widrigkeiten der Unbequemlich-

Schnarchsaal

keit von persönlicher Veränderung zu trotzen. Nein, der Prozess geht auch nachts weiter, wenn andere um mich herum liegen, die Betten quietschen, es zu heiß, zu kalt, stickig ist – und dann wird auch noch geschnarcht!

Nicht umsonst wissen fast alle Pilgerinnen und Pilger von eindrücklichen Schnarcherfahrungen zu berichten, was zu Pilgerweisheiten wie »Einer schnarcht immer!« führt. Diese Unbequemlichkeit ist für alle Beteiligten eine echte Herausforderung: Die einen glauben, nicht genug Schlaf zu bekommen, und scheinen sich bis zum Morgengrauen zu ärgern. Die anderen, die um ihr Schnarchen wissen, haben damit zu kämpfen, dass sie andere belasten, ohne dass sie etwas dafür können – einfach durch ihr So-Sein. Aber auch dafür kann der Pilgerweg den Rahmen bilden: dass man sich zumuten und aushalten muss – sich selbst und die anderen.

Gibt es gegen das gemeinsame Schlafen mit anderen in einem Raum vor einer Pilgerreise oft größte Bedenken bis dahin, dass sich Menschen deshalb nicht auf den Weg machen, verändert sich die Haltung oft: Im Laufe der Pilgerreise würden sich viele Mitpilgernde zwar noch immer über Einzelzimmer freuen, aber die meisten sagen auch, dass abend- und morgendliche Gespräche in den Schlafräumen nochmal eine besondere Reflexionsebene bieten. Nicht selten wird nach einigen Tagen von schullandheimartiger Albernheit in den Mehrbettzimmern berichtet. Letztlich ist die Botschaft: Du bist nicht allein. Das kann schützend und Geborgenheit vermittelnd sein und immer auch mal lästig, in jedem Fall ist es eine wichtige Erfahrung, zu der auch gehört, dass man in der Gegenwart von anderen für einen privaten Raum für sich sorgen muss.

Dass das zeitweilige Alleingehen oder im Schweigen zu pilgern ein wichtiger Ausgleich sein kann, deutet ein weiteres Pilgersprichwort an: »Das Schweigen ist das Einzelzimmer des Pilgers.«

Núria und Sílvia

Ich traf Núria und Sílvia in der Mittagshitze spanischer Berge. Zwei Schwestern aus Barcelona, die sich unähnlicher kaum sein konnten: Núria, hübsch, quirlig und laut, immer mitten im Geschehen, was sicher auch gut für ihren Job als Reisejournalistin bei *Lonely Planet* war. Sie war mal wieder frisch getrennt, für Männer schien sie ein Herz, aber kein Händchen zu haben. Ganz anders Sílvia, schüchtern, zurückhaltend, mit kleiner Brille und engem Pferdeschwanz, in einem Verwaltungsjob arbeitend, seit Jahren in fester Partnerschaft.

Die beiden unterschiedlichen Schwestern wollten sich mit Mitte 30 auf dem Jakobsweg wieder näherkommen und ihre geschwisterliche Beziehung klären. Núria war genervt: Nun waren schon drei Tage auf dem Pilgerweg vergangen und noch immer war nichts neu! Sie war ungeduldig, hatte hohe Erwartungen. Ich ermunterte sie zur Gelassenheit. Sie solle dem Weg jetzt Zeit geben und die Vorstellungen, was passieren soll, einfach zurückstellen. »Der Weg gibt einem nicht, was man will, sondern was man braucht« zitierte ich ein altes Pilgersprichwort. Zumindest der geschwisterlichen

Beziehung schienen die ruhigen Tage auf dem *Camino* gut zu tun. So lange, bis Michel, ein arbeitsloser Belgier, charismatisch und geheimnisvoll, auf der Bildfläche erschien.

Núria war sofort Feuer und Flamme. Ist es nicht so, dass man sich auf Pilgerwegen besonders leicht verliebt, weil alle irgendwie auf der Suche und auch ganz offen sind? Äußerlich schienen Núria und Michel nicht gut zusammenzupassen, aber Sílvia verdrehte die Augen, sie kannte ihre Schwester ja.

Um es kurz zu machen: Sílvia und Núria verstehen sich auch nach ihrer gemeinsamen Pilgerreise kaum besser. Aber inzwischen ist Michel aus Belgien zu Núria nach Barcelona gezogen. Er lernt Spanisch, Núria Französisch, und gemeinsam versuchen sie, eine stabile Beziehung aufzubauen. Das Projekt scheint zu gelingen, noch zwei Jahre später schreibt mir Núria begeisterte Mails aus Katalonien.

Sich aufmachen –
Wege und Impulse

Viele Pilgerinnen und Pilger, die beispielsweise in Spanien mehrere Wochen unterwegs sind, berichten von ganz erstaunlichen Prozessen und Veränderungen, die das Pilgern auslöst. Das liegt unter anderem an der Zeit, die investiert wird: In mehreren Wochen kommen die Lebensthemen und -fragen, die behandelt werden wollen, ganz automatisch ins Bewusstsein. Oft werden die Prozesse auch durch Begegnungen mit anderen Pilgerinnen und Pilgern sowie Menschen am Wegesrand verstärkt und vorangetrieben.

Aus der Dunkelheit ins Licht

Nimmt man sich dagegen nur ein paar Tage Zeit und ist deshalb auf heimischen Jakobswegen unterwegs, auf denen man eher selten auf andere Pilgernde trifft, will aber dennoch innere Prozesse anstoßen, kann man Besonderheiten des Weges »zu sich sprechen lassen«. Oft bietet die Umgebung dem aufmerksamen Pilger, der wachsamen Pilgerin Impulse an, wenn man sie für sich zu deuten versteht. Was sagt mir ein frisch gefällter Baum, eine Pflanze, die sich durch den Asphalt gekämpft hat, ein Umleitungsschild? Endlichkeit, Kraft des Lebens, auf dem Holzweg sein? Viele Pilger und Pilgerinnen kennen das: Durch eine Haltung der Aufmerksamkeit und Achtsamkeit lässt man sich durch solche äußeren Besonderheiten zum Nachdenken und Reflektieren anregen. Mit ein wenig Übung gelingt es, einem Weg solche symbolträchtigen Hinweise abzugewinnen.

Dabei muss man sich nicht nur auf die Sprache der Natur beschränken. So kann man sich beispielsweise durch eine Kläranlage motivieren lassen, darüber nachzudenken, was man buchstäblich noch zu klären hat. An einem Elektrizitätsumspannungswerk könnte man fragen, woher man die Energie für die Änderung seines nächsten Lebensabschnitts nehmen möchte. Und von einem quer über dem Weg liegenden Baum kann ich lernen, wie ich mit Hindernissen umzugehen pflege: drüber, drunter, außen herum? Mit Gewalt, geschmeidig, geplant, impulsiv? Wie gehe ich über eine wacklige Hängebrücke? Kann ich daraus etwas darüber lernen, wie ich mit der schwingenden Unsicherheit in meinem Leben umgehe?

Die folgenden 6 Wege greifen unterschiedliche Themen auf, mit denen sich Menschen, die zum Pilgern aufbrechen, beschäftigen. Es sind allesamt Pilgerwege, die ich konkret begangen und bei denen ich versucht habe, das jeweilige Thema so zu strukturieren, dass es einen sinnvollen roten Faden ergibt, den man als Anregung zur gedanklichen oder gefühlten Reflexion nutzen kann.

In den Beschreibungen sind also immer wieder entscheidende Fragestellungen für bestimmte Lebenssituationen mit Begebenheiten und Auffälligkeiten am Wegesrand verknüpft. Es geht jedoch nicht darum, sich genau diesen speziellen Weg, den ich gegangen bin, mit jenen Besonderheiten zu suchen, sondern sich durch den Weg, den man für sich selbst wählt, anstoßen zu lassen. Mit etwas Übung findet man die passenden Symbole, die man für seine Entwicklungsschritte braucht. Am Ende jeder Wegbeschreibung sind nochmal die inhaltlichen Impulse unabhängig von der Weggegebenheit aufgelistet.

Baustelle Pilgern
Idee für eine zweitägige Reise, um mit dem Pilgern in Kontakt zu kommen

Eine Tour für Menschen, die noch keine oder wenig Pilgererfahrung haben, sich aber annähern wollen. Vielleicht, weil sie ergründen wollen, was sie gerade so umtreibt. Vielleicht, weil ihnen vorschwebt, eine längere Pilgerreise zu machen und die deshalb testen möchten, wie es um ihren Körper, ihre Kondition, ihre Ausrüstung bestellt ist. Denen es wichtig ist, über Nacht weg zu sein, weil das Abendliche, Nächtliche und Morgendliche an einem fremden Ort zum Pilgergeschehen dazugehört. Der folgende Weg passt zu diesen Anliegen:

Ich komme zu einer Kirche, die ich für den Start meiner Pilgerreise ausgewählt habe, und sehe, dass ihr Turm eingerüstet ist. Auch innen sind einige Seitenkapellen abgesperrt, weil gerade der Boden erneuert wird. Und sogar vor der Vitrine, in der die sterblichen Überreste eines einst besonderen, wohl heiligen Menschen ausgestellt waren, hängt ein rot-weißes Absperrband. Die Frage, die sich mir hier aufdrängt, angesichts von so viel Umbau und Renovierung, und die gleichzeitig das Thema meines Weges vorgibt, lautet: Wo ist meine Baustelle? Was muss bei mir in meinem Leben gerade repariert, erneuert, restauriert, ausgetauscht werden, damit ich danach wieder schön und strahlend dastehe?

Ich zünde zum Beginn meiner Pilgerreise eine Kerze an, spreche mir selbst einen Morgensegen zu, auch einen Stempel für meinen Pilgerpass gibt es hier. Und los geht es in den Tag. Klare Luft, es ist kühl, ich mache große Schritte und freue mich, auf einem Pilgerweg zu sein. Die erste Stunde richte ich meine Aufmerksamkeit auf mich und mein Fühlen in der Umgebung. Ich versuche wahrzunehmen, was ganz körperlich in mir ist. Gleichzeitig nehme ich um mich herum wahr, dass ich das Dorf, in dem die Kirche steht, bald verlassen habe. Dass mich Natur umgibt, Feld, Wald. All das lasse ich auf mich wirken.

Bis ich an einem Bauernhof vorbeikomme. Neben der Scheune liegen viele Dachziegel, und sie liegen nicht nur einfach herum, sondern sind fein säuberlich aufeinandergestapelt. Hier hat jemand aufgeräumt. Die geschaffene Ordnung regt mich an, mir eine Frage zu stellen, mit der ich mich in der nächsten Zeit auf meinem Weg beschäftigen möchte: Wenn ich heute tatsächlich auf die ganz große Pilgerreise nach Santiago de Compostela gehen würde, von hier aus, aus Deutschland, vielleicht durch die Schweiz, in jedem Fall durch Frankreich und dann durch Spanien, über 2.500 Kilometer, wofür ich wohl mindestens 100 Tage brauchen würde, wenn ich also jetzt aufbrechen würde – was würde ich dann vorher noch aufräumen?

Diese Frage hat eine alte Tradition, auch Pilger und Pilgerinnen des Mittelalters haben vor ihrem Aufbruch aufgeräumt: ihr Testament gemacht, Schulden bezahlt, sich versöhnt. Deshalb stelle auch ich mir heute die Frage, die ich innerlich auf dem nächsten Stück meines Weges, der nun bald durch einen Wald führt, beantworten möchte: Was müsste ich in meinem Leben aufräumen, wenn ich für unbestimmte Zeit weg sein wollte? Bis zum Waldrand in etwa einer halben Stunde nehme ich mir Zeit, diesem Thema nachzuspüren.

Als Anlass für diese Frage braucht man natürlich keinen ordentlich aufgeschichteten Ziegelstapel. Es könnte auch ein Bauernhof sein, auf dem gerade nicht aufgeräumt ist und alle Gerätschaften herumliegen. Oder eine andere Situation in der Natur, die scheinbar besonders »aufgeräumt« oder »unaufgeräumt« ist, könnte mir diesen Impuls geben.

Aufgeräumt

Im Laufe des Vormittags erreiche ich eine markante Brücke. Ich habe das Gefühl, nun auf meinem Pilgerweg angekommen zu sein. Diese Brücke möchte ich als Übergang benutzen, um ab hier verstärkt in den Prozess des Nachdenkens über mich selbst einzusteigen. Ich weiß ja, dass ich lediglich zwei Tage auf dem Pilgerweg sein werde, aber ich stelle mir vor, ich würde tatsächlich den ganzen Weg zu einem fernen Pilgerziel wie Santiago de Compostela gehen. Die Frage, die mich nun beschäftigen soll, lautet: Was würde ich mitnehmen, wenn ich für mehrere Monate aufbrechen würde? Dieser Frage will ich auf verschiedenen Ebenen begegnen. Zum einen ganz äußerlich: Ich bräuchte mehr Gepäck als jetzt, für eine Nacht. Was brauche ich wirklich? Was würde ich unbedingt mitnehmen – und was könnte ich auch zu Hause lassen? Was ist unbedingt notwendig, damit ich den Weg schaffe? Wovon glaube ich nur, dass es notwendig ist? Und welches Gepäckstück möchte ich mir gönnen? Oft traf ich Pilger und Pilgerinnen, die sich einen kleinen Luxus im Gepäck leisteten, weil sie ahnten, das würde ihnen helfen, sich auf dem Weg und in den Herbergen zu Hause zu fühlen.

Durch diese spannende Abwägung hindurch schimmert aber auch die tiefere Dimension der Frage, was ich denn innerlich mitnehmen würde. Welche Themen würden mich begleiten? Vermutlich würde ich schnell auf ein paar Punkte kommen. Aber es lohnt auch hier, sich ein paar Kilometer Zeit zu nehmen und nachzuspüren, was wohl noch auftauchen könnte. Welche inneren Anliegen also dahinterstecken. Ich kann die Frage auch so formulieren: Was motiviert mich aufzubrechen? Und wenn ich darauf eine Antwort habe, die Frage zu stellen: Und was ist es wirklich, vielleicht im Unbewussten, was mich aufbrechen lässt? Habe ich auch darauf eine schnelle Antwort gefunden, beschäftige ich mich mit der Frage: Was steckt dahinter, was treibt mich eigentlich auf den Weg? Sich diese Fragen mehrmals in verschiedenen Facetten zu stellen, klingt seltsam? Erfahrungsgemäß kann ich mir sie durchaus drei- bis viermal stellen, bis ich am wesentlichen Punkt angelangt bin. Zum Glück gibt mir die Zeit, die ich auf dem Weg habe, ausreichend Gelegenheit dazu.

Wenn ich dann um die verschiedenen Gründe weiß, die mich aufbrechen lassen, suche ich mir eine Bank und notiere mir jene Antworten, die ich auf dem letzten Wegstück gefunden habe: äußerlich wichtige Gepäckstücke und Luxusartikel, die ich mir leisten will und deshalb auch gern trage, und die verschiedenen inneren Themen, die ich wohl mitschleppen werde. Diese Erkenntnisse sind für mich wichtig, gleich, ob ich nun tatsächlich länger auf dem Weg sein werde oder ob ich, wie geplant, zunächst nur zwei Tage unterwegs bin.

Nach der Mittagsrast, die ich mir nach diesen Kilometern und nach dem interessanten Prozess wirklich verdient habe, komme ich an einen See, der von Schilf umgeben ist. Ich fühle mich an einen biblischen Text erinnert: Das Volk der Israeliten ist auf der Flucht aus der Gefangenschaft in Ägypten an ein Schilfmeer gelangt, das ihnen den Weg versperrt. Eigentlich müssten sie weiterziehen, ihre Flucht fortsetzen, die Ägypter verfolgen sie ja. Aber hier liegt ein scheinbar unüberwindliches Hindernis, ein Widerstand vor ihnen. Dunkel erinnere ich mich, dass ein starker Wind aufkam, der das Meer beiseite wehte – oder teilte es sich gar? Ich nehme mir vor, demnächst mal nachzulesen, wie die Geschichte damals weiterging. Sie findet sich im Buch Exodus des Alten Testaments, in den Kapiteln 13 bis 15.

Für den Moment konzentriere ich mich jedoch auf den Impuls, den der See mit seinem Schilfgürtel in mir ausgelöst hat: Auf welche Hindernisse werde ich stoßen, wenn ich mich aus meiner »Gefangenschaft«, aus meinem Alltag herauslöse und zu einer mehrmonatigen Pilgerreise aufbreche? Was scheint es mir unmöglich zu machen? Sind es organisatorische Herausforderungen, hat es mit meiner beruflichen Tätigkeit zu tun oder mit Beziehungen? Mit mir selbst und meinen Gewohnheiten? Meinen Ängsten? Was würde mich also hindern, mich aufzumachen? Mit diesen Fragen beschäftige ich mich, während ich am Seeufer entlanggehe.

Selbstverständlich müsste es kein Schilfsee sein, der mich zu dieser wichtigen Frage führt, jedes Hindernis könnte mir den Impuls geben: ein Baumstamm, der quer über meinem Weg liegt, eine vielbefahrene Straße, die ich überqueren muss, eine Bahnschranke. Solche Wegbegebenheiten können mich symbolisch zu meinen Widerständen führen, für die ich selbst der Auslöser bin oder die ich von anderen auferlegt bekomme. Bei dieser kleinen Reise ist es übrigens noch gar nicht nötig, dafür Lösungen oder Umgangsmöglichkeiten zu finden. Für den Moment reicht es, mir die möglichen Hemmschuhe zu vergegenwärtigen.

Nach einigen weiteren Kilometern sehe ich das Kloster, in dem ich übernachten möchte. Um die Schwestern dort nicht zu sehr zu überraschen, hatte ich am Morgen angerufen und mein Kommen angekündigt. Nun sehe ich den Klosterbau und staune nicht schlecht, denn dieser Kirchturm ist ebenfalls eingerüstet. Das Leben scheint auch hier eine Baustelle zu sein – dieses Bild begleitet mich also noch weiter.

Nachdem ich Quartier bezogen habe, mich gewaschen und am Vespergebet der Schwestern teilgenommen habe, gibt es ein stärkendes Abendessen im Kloster. Das ist deshalb gut, weil ich abends noch ein wenig Energie brauche, um das, was mir wichtig geworden ist, in mein kleines Pilgertagebuch zu schreiben: Wo liegen meine Baustellen? Was muss ich aufräumen, ordnen, klären? Was nehme ich mit, was lasse ich zurück? Was wird mich zu hindern versuchen?

Am nächsten Morgen mache ich mich nach dem Morgengebet im Kloster, der Laudes, und dem Frühstück auf, es ist noch ziemlich kühl. Nach einem freundlichen Wort mit der Schwester Pförtnerin, die mir einen segensreichen Tag wünscht, gehe ich auf einen besinnlichen Moment in die Klosterkirche. Auch heute will ich nochmal die Baustelle meines Lebens betrachten, bevor ich mich ein andermal, vielleicht bei einer längeren Pilgerreise, um die wirklich nötigen Reparaturarbeiten kümmern werde. In Handwerkersprache könnte man sagen: Diese Reise dient der Erstellung eines Kostenvoranschlags.

Ich verlasse den Ort, es tut mir gut, wieder in die Natur zu kommen. Schon bald gehe ich unter ein paar Bäumen hindurch, eine große Weite öffnet sich.

Zeit, Spuren zu hinterlassen

Ich spüre, wie auch mein Herz sich weit öffnet. Diesem Gefühl möchte ich nachgehen, denn ich merke, es führt mich zu einem tiefen Sehnen. Und so begebe ich mich an diesem Morgen auf die Spur meiner Sehnsucht. Ich schaue nicht auf das, was hinter mir liegt, sondern auf das, wonach mein Herz sucht. Pilgern lebt ganz stark von der Sehnsucht; sie wird die Seele laufen lehren.

Im Weitergehen versuche ich, meine Sehnsucht konkret werden zu lassen. Ich gebe ihr Raum in meinem Herzen, damit diese Energie mich tragen kann: Was ist es, was meine Seele ruft? Welche Bilder von Sehnsuchtsorten stecken in mir und werden durch das Pilgern nach oben gespült? Kilometer um Kilometer vergehen mit dem Nachdenken darüber.

Die Themen, die ich auf dem bisherigen Weg angedacht habe – Baustelle, Aufräumen, inneres und äußeres Gepäck, Hindernisse, Sehnsucht – klingen noch in mir nach. Mit diesem Klang in mir wandere ich fröhlich weiter, meinem Ziel, einer großen Stadtkirche, entgegen. Aber noch sind es ein paar Stunden und ich frage mich, ob ich mich mit einem weiteren Aspekt meiner Baustelle Pilgern beschäftigen sollte. Auf einer kleinen Brücke stehend schaue ich in den Bach, der unter mir fließt. Ein Schild fällt mir ins Auge: »Saugstelle«.

Offensichtlich bekommt die örtliche Feuerwehr hier ihr Wasser her. Aber was kann dieser Begriff für mich, für mein

Leben bedeuten, wenn ich den fröhlich fließenden Bach als Symbol für meinen Energiefluss ansehe? Saugstelle – was ist es, was mir immer wieder Energie absaugt? Welche Umstände, welche Menschen, welche Gewohnheiten nehmen mir Lebensenergie?

Ich schaue auf die andere Seite der Brücke und sehe dort, als hätte ich es bestellt, einen Zulauf des Baches, hier kommt frisches Wasser, frische Energie hinein. Ja klar, auch darüber sollte ich mir Gedanken machen: Woher bekomme ich sprudelndes Wasser, frische Lebensenergie? Welche Rituale, welche Beziehungen, welche Handlungen und Nicht-Handlungen geben mir Kraft?

Beim Blick über die Brücke habe ich also beide wichtigen Fragestellungen beisammen: Was entzieht mir Energie und woher bekomme ich neue Energie? Beides kann ich auf meine imaginäre große Pilgerreise nach Santiago de Compostela beziehen. Was wird mich wohl immer wieder Kraft kosten auf meinen langen Kilometern? Was sind mutmaßliche Energiefresser? Aber auch: Was wird mich tragen, vorantreiben, was wird mir Kraft geben, auch die nächste Dürrephase, den nächsten Anstieg zu bewältigen?

Natürlich ist es hilfreich, mir diese Fragen ebenfalls im Blick auf meinen Alltag, auf mein Leben zu Hause zu stellen. Denn schließlich gibt es keinen besseren Fachmann, keine bessere Fachfrau für mein Leben als mich selbst.

Auf meinem Weg war es dieser Bach, der mich zu jenen Fragen anregte, es könnte aber auch eine Tankstelle oder ein Lebensmittelladen sein, die mich motivieren, über meine Kraftquellen nachzudenken. Ein Schlagloch, ein Gullydeckel bringt möglicherweise die Frage auf, was mir Energie entzieht.

Bis zum nächsten Ort, ein paar Kilometer weiter, beschäftigen mich diese Gedanken. Ich weiß jetzt besser, notiere ich mir bei einer Rast – wegen des Regens an einer überdachten Bushaltestelle –, was mir Energie absaugt, was mich daran hindert, in meine Kraft zu kommen. Mir sind einige Punkte eingefallen. Einen dieser Energieräuber schreibe ich groß auf ein Blatt meines Notizbuches, schaue mir das Wort nochmal an, reiße dann beherzt die Seite heraus, zerknülle sie und werfe sie in den Abfalleimer. Zumindest davon will ich mir keine Energie mehr rauben lassen! Vielleicht kann ich bei anderer Gelegenheit noch weitere Energiesauger loswerden. Für heute belasse ich es bei dem einen und überlege auch ganz konkret, was ich tun werde, wenn diese kraftraubende Situation wieder einzusetzen droht oder gerade beginnt zu wirken.

Mir sind aber auch einige Dinge eingefallen, die mir Energie geben. Auf der nächsten Seite des Notizbuches male ich einen Bach mit verschiedenen Zuflüssen. Jeden dieser Zuflüsse beschrifte ich mit einer meiner entdeckten Energiequellen. Am Abend werde ich diese vielleicht nicht schöne, aber sehr persönliche Zeichnung noch farbig gestalten, sie ebenfalls aus dem Notizbuch entfernen, allerdings sehr sorgfältig. Dieses Bild wird zu Hause im Badezimmer neben meinem Spiegel seinen Platz finden. An diese Energiequellen will ich mich ab jetzt täglich erinnern, und jedes Mal, wenn ich eine dieser Quellen nutze, male ich auf dieses Bild einen bunten Punkt wie eine kleine Blume neben den jeweiligen Energiezufluss. So werde ich mit der Zeit erkennen, welche meiner Energiequellen mir besonders wertvoll sind, weil ich sie oft nutze. Diese, nehme ich mir vor, werde ich besonders pflegen.

Meine kleine Pilgerreise nähert sich dem Ende, aber der Höhepunkt und das Ziel des Weges, eine eindrückliche Stadtpfarrkirche, ist von diesem Hügel aus gut zu sehen. Das können nur noch 3, 4 Kilometer sein. Mein Herz jubelt, auch meine Füße bekommen nochmal neue Energie, so müde wie

Pilgerzentrum

sie eben noch waren. Ich erreiche den Stadtrand, sehe auf einem Schild, dass zwei Kilometer auf mich warten, also eine halbe Stunde, das schaffe ich auch noch. Obwohl, wenn ich jetzt erschöpft bis zum Ziel durchrenne, komme ich mit hängender Zunge und deshalb unaufmerksam dort an. Kann ich es dann genießen? Kann ich das Ziel dann würdigen? Ich denke an die Tradition der Pilger und Pilgerinnen des Mittelalters, die sich vor Erreichen des heiligen Ortes nochmal in einem Bach wuschen und erfrischten, um sauber und klaren Sinnes das lang ersehnte Ziel zu erreichen.

Rechts sehe ich ein kleines Café und beschließe, hier noch eine Tasse Tee und ein großes Glas Wasser zu trinken. Ich nutze die Toilette, wasche meine Hände, erfrische mein Gesicht. So gestärkt schultere ich den Rucksack, die ersten Schritte sind jetzt wieder mühevoll, aber den Kirchturm im Blick werden meine Beine wieder leichter, ich finde in meinen Rhythmus zurück und bin nun gleich am Ziel. Noch um eine Straßenecke, und dann stehe ich auf dem Platz vor der Kirche.

Fast bin ich überrascht, dass der Turm nicht in ein Gerüst verpackt ist. Hat das Bild der Baustelle schon ausgedient? Ich schaue mir die Kirche genau an. Sie sieht prächtig aus, hat aber auch ein paar hässliche Stellen. Ich nehme wahr, wo ich bin – angekommen. Bevor ich in die Kirche gehe, tue ich es vielen Pilgern und Pilgerinnen gleich, die an ihrem Ziel, einem heiligen Ort, angekommen sind: Sie nähern sich nicht unmittelbar, sondern umrunden den Ort zunächst. Auch ich gehe also einmal um die Kirche herum, versuche genau wahrzunehmen, wie sie aussieht, wie sie sich entfaltet, sehe an der Nordseite, dass dort doch tatsächlich auch eine kleine Baustelle ist (hätte mich auch gewundert, wenn schon alles in Ordnung gewesen wäre), und komme wieder zum Hauptportal, durch das ich nun den eigentlichen Kirchenraum betrete.

Ich nehme den ganzen Raum wahr, die Gesamtwirkung. Noch einmal durchatmen. Ich schreite den Mittelgang vor zum Altar. Es wird mir feierlich zumute. Ich spüre, dass mein äußerer Pilgerweg langsam dem Ende zugeht. Vor dem Altar suche ich mir einen Platz in der Bank, setze mich erleichtert: geschafft! Ich lasse mein Gefühl durch mich hindurchfließen, bin dankbar, meinen Weg bewältigt zu haben.

Nach einigen Minuten schaue ich mich weiter um, lasse meinen Rucksack in der Bank, nehme nur mein Notizbuch und versuche in der Kirche einen Platz zu finden, der mir Geborgenheit gibt. Dort lasse ich mich nieder, erspüre den Platz, entfalte mich und schlage mein Büchlein auf. Ich notiere, was mir jetzt wichtig ist. Im Moment. Und dann schreibe ich die Begriffe »Baustelle«, »Aufräumen«, »Mitnehmen«, »Hindernisse«, »Sehnsucht«, »Saugstelle«, »Kraftquellen« und »Ankommen«, also die Themen meines Weges, auf je eine Seite meines Notizbuchs. Falls mir weitere wichtige Themen bewusst geworden sind, fasse ich sie ebenfalls in je einem Stichwort, auch sie bekommen je ein eigenes Blatt. Alles, was mir im Moment zu diesen Themen einfällt, schreibe ich um diese Begriffe herum. Vielleicht sind es auch Bilder, die ich skizziere. Ich nehme mir so lange Zeit, wie es sich angenehm anfühlt, schließlich bin ich in einer Kirche, also einem besonderen Raum.

Für all das, was ich nun denke und empfinde, zünde ich abschließend eine Kerze an. Dankbarkeit, Trauer, Tatendrang, wunderndes Kopfschütteln werden in der Flamme gebündelt, in dieser Energie weiß ich meine Gefühle gut aufgehoben. Nun nehme ich Abschied.

Ab jetzt beginnt die äußere Heimreise, bei der ich mein Notizbuch jederzeit griffbereit habe, denn immer wieder sprudeln einzelne Gedanken, Gefühle hervor, die ich festhalten möchte. In seltsamer Stimmung gehe ich etwas desorientiert durch die Straßen. Nehme wahr, wo ich bin, nehme aber auch mich selbst wahr. Was tut mir jetzt gut? Noch eine Zeit auf einer Bank in der Sonne? Irgendwo in ein gemütliches Gasthaus, um mich zu stärken? Ich versuche in jedem Fall, mir Zeit zu lassen, denn diese Momente einer Pilgerreise, die eine Schleuse zwischen Pilgerzeit und Alltagszeit bilden, sind besonders wertvoll. Vielleicht fühle ich mich erschöpft. Vielleicht glücklich. Leer. Müde. Traurig. Stolz. Gelassen. All diese Gefühle dürfen jetzt sein. Erst, wenn ich zur Ruhe gekommen bin, versuche ich herauszufinden, wie ich am besten zum Bahnhof komme und wann ein Zug fährt, der mich nach Hause bringt.

Spätestens in der Bahn nehme ich nochmal mein Notizbuch her und schreibe zu den Begriffen auf, was mir in den letzten Stunden eingefallen ist. Alles andere Wichtige, was nicht direkt zu den Themen passt, halte ich tagebuchartig auf leeren Seiten fest. Außerdem notiere ich mir auf einer eigenen Seite, was ich beim nächsten Mal auf einem Pilgerweg in Bezug auf meine Ausrüstung, meinen Körper, das Organisatorische anders machen will. Und natürlich auch, was sich unbedingt bewährt hat.

Vom Bahnhof meiner Heimatstadt gehe ich frohgemut nach Hause. Diese Schleusenzeit vor dem Heimkommen tut mir gut. Daheim stelle ich meinen Pilgerstab in die Ecke, wo er vermutlich nicht lange auf mich warten muss. Mein Notizbuch jedoch, das mir zu einem wertvollen Begleiter meiner

Reflexionen geworden ist, liegt jetzt auf meinem Nachttisch, denn die angestoßenen Prozesse wirken weiter und wollen beachtet werden.

Melanie

Ich traf Melanie auf dem Gipfel eines Berges. »Ganz schön steil hier, der Jakobsweg«, sagte ich zu ihr. »Ich mag's, wenn's bergauf geht«, lächelte sie mir entgegen. Mitte 30, lebendig blitzende Augen, ziemlich fit, schien Melanie schon einige Zeit unterwegs zu sein. Wir kamen ins Plaudern. Sie sei Abteilungsleiterin in Düsseldorf, erzählte sie. Und sie liebe Herausforderungen, ihre Kraftquelle scheint Marathonlaufen zu sein. Ein freundliches Wesen, offen, hübsch – welche Lebenssituation oder Sehnsucht mochte Melanie wohl zum Pilgern treiben? Hellhörig wurde ich von scheinbar lapidar dahingesagten Sätzen wie »Das Leben ist kein Wunschkonzert«, oder »Wir sind hier nicht bei ›Wünsch dir was‹ sondern bei ›So ist es!‹«.

Ich musste länger zuhören, bis ich erfuhr, dass sie eigentlich ganz neu auf dem Weg war und gerade dabei, ihre Part-

nerschaft zu überdenken. Ihr Freund und sie hätten eine
»Bedenkzeit« eingelegt, verriet sie mir, und sie suche im
Pilgern Klarheit über das, was sie noch von dieser Beziehung wollte – was sie dafür noch bereit war zu geben und
was nicht mehr.

Bei einem anderen Gespräch erfuhr ich, dass sie sich ganz
gut mit der Situation in Gefängnissen auskannte. Einige Dut-
zend Kilometer später erzählte sie mir, dass sie ihren Vater weite Teile ihrer Jugend nur durch Gitter oder Panzer-
glas hindurch erlebt hatte. Ein schwieriger Kontakt, aber, so
meinte sie, das sei ja nicht so schlimm, denn jetzt sei er
wieder draußen – wobei, so einfach sei es auch nicht, er
lebe übergangsweise auch bei ihr, was nicht ganz konfliktfrei abgelaufen war.

Ja, und es habe da noch einen Stiefvater gegeben. Der
war wohl klasse, klasse für die Mutter, klasse für Melanie.
Leider erkrankte er schwer, wurde von Mutter und Tochter
im Wohnzimmer gepflegt, bis er starb. Weil er inzwischen
zur Familie, zum Inventar gehörte, organisierten es die beiden Frauen so, dass ein Teil seiner Asche nun in der Blu-
menkrippe unter den Topfpflanzen im Wohnzimmer weilt.
So ist er ihnen immer noch nahe. Ich hörte mich in diesem
Gespräch etwas von Friedhofspflicht, vom Sinn öffentlicher
Trauerplätze erzählen und auch davon, dass es irgendwann
Zeit ist, verstorbenen geliebten Menschen einen Platz zu
geben, an dem sie ruhen können – und man selbst auch
wieder Luft hat für das Neue, das im Leben kommt. Aber
solche vielleicht wichtigen Gedanken waren in diesem Moment gar nicht gefragt, es ging vielmehr darum, einfach die
Ohren und das Herz zu öffnen und dankbar zu sein, dass
mir jemand diese persönlichen Dinge erzählte.

Immer wieder traf ich Melanie in den nächsten Tagen, erlebte ihr sonniges Gemüt und ihr Durchhaltevermögen, das

sie auf ihrem Pilgerweg auch brauchte. Als jedoch ihr kleiner Kompass zerbrach und damit auch etwas, was ihr innerlich Orientierung zu geben schien, flossen erste Tränen. Sie fühlte wohl in diesem Moment, dass auch ihr Lebenskompass nicht mehr die richtige Richtung anzeigte. Und der Körper der zielbewussten und leistungsorientierten Frau spielte nicht so mit, wie sie das eigentlich von ihm kannte und erwartete: Eine Sehne im Schienbein bereitete solche Schmerzen, dass sie irgendwann nur noch schleichend vorankam. Es gab zwar immer wieder Pilgerinnen und Pilger, die sie begleiteten, aber klar war auch, dass es so nicht weitergehen würde, wenn sie ihrem Körper nicht nachhaltig schaden wollte. Und so war es die Freizeit-Marathonläuferin, die nach ein paar Tagen des Pilgerns ein Taxi nehmen musste und, im Wagen sitzend, den anderen Pilgernden unter Tränen hinterherwinkte.

Um ihren Zeitplan einzuhalten und den Kontakt zu inzwischen vertraut gewordenen anderen Pilgerinnen und Pilgern nicht zu verlieren, begleitete Melanie den Weg immer mal wieder mit Bus und Bahn und musste sich noch mit allerlei

Gemeinsam statt einsam

Widrigkeiten auseinandersetzen, die sie abends mit Sätzen wie »Heute habe ich Gottes harten linken Haken zu spüren bekommen!« kommentierte und einem Bier herunterspülte. Ich dachte mir dabei, dass sie in ihrem Leben schon so manches einstecken musste. Und sie erlebte nun auf dem Weg, dass ein »Weiter-So« und ein Sich-Durchbeißen nicht mehr funktionierte, weder beim Pilgern noch im wirklichen Leben. Vieles würde sich ändern ...

Die Bedenkzeit in ihrer Partnerschaft müsste inzwischen abgelaufen sein – wie sie sich wohl entschieden hat?

Am Anfang war die Sehnsucht
Pilgern zum Abschied Nehmen, Aufbrechen,
Neues Wagen

Eine **viertägige Pilgerreise** für Menschen, die Sehnsucht in sich spüren und dieser Energie Raum geben möchten. Dabei wird daran gedacht, wovon man sich zugunsten seiner Sehnsucht aus dem bisherigen Leben verabschieden muss. Der Prozess des inneren Aufbrechens wird reflektiert und konkrete Schritte des Neuen werden geplant.

Neben dem üblichen Pilgergepäck müssen auf diese Reise mitgenommen werden: fünf Halbedelsteine, einige auf Papier kopierte oder gemalte Fußabdrücke und eine kleine Nuss.

Diese Pilgerreise spannt einen Bogen über die verschiedenen Facetten eines Sehnsuchtsprozesses, der angegangen werden will, und bezieht sich damit auf das, was, wie oben beschrieben, fast alle Lebensumbrüche verbindet. Jeder Tag hat dabei ein Schwerpunktthema.

Am ersten Tag geht es darum, seiner Sehnsucht auf die Spur zu kommen. Ich beginne meinen Weg an einer Klosterkirche, indem ich mich und meine Sehnsucht als starke Lebensenergie durch ein gutes Wort selbst segne oder segnen lasse. Die ersten ein, zwei Stunden lasse ich dieses Gefühl und den beginnenden Weg wirken.

Ich werde an eine Stelle geführt, an der ich einen beeindruckenden Weitblick habe: über Berge, Ebenen, Wasser. Ich spüre, dass sich meine Seele freigelaufen hat und nehme mir vor, unter diesem Eindruck die innere Weite etwa eine halbe Stunde nachschwingen zu lassen. Wie fühlt sich meine Sehnsucht überhaupt an? Möglicherweise kann ich sie vom Kopf her noch gar nicht richtig fassen. Vielleicht habe ich aber auch schon eine konkrete Vorstellung. So oder so, ich lasse die Weite sich mit meiner Sehnsucht verbinden und in mein Herz, meine Seele fallen. Sollte ich mit anderen zusammen unterwegs sein, ist dies ein Stück Weg, das ich allein oder zumindest im Schweigen gehe. Nach etwa einer halben Stunde komme ich durch ein Dorf, ich spüre, dass die Energie nachlässt. Macht nichts, ich habe meiner Sehnsucht in mir Raum gegeben und gehe einfach weiter.

Es wird schon Mittag, Zeit für eine Pause. Danach sind meine Sensoren wieder frisch und können sich einer weiteren Facette meiner Sehnsucht widmen. Der Weg wird sehr schmal. In meinem Fall führt er durch ein Moor, das etwas unheimlich auf mich wirkt. Es könnte auch ein Hohlweg sein oder eine andere Wegveränderung, die mich leicht verunsichert. Ich lasse das von außen ausgelöste Gefühl direkt in Verbindung zu meiner Sehnsucht wachsen: Welche Gefahren lauern am Wegesrand, wenn ich mich meiner Sehnsucht zuwende und mich auf den Weg zu ihr mache? Konkrete Gefahren gibt es hier am Weg zwar nicht, aber ich lasse die durch die Landschaft ausgelöste Stimmung in mir wirken. Dabei will ich diesen Kräften nicht zu viel Macht geben. Aber ich will sie wahrnehmen, damit ich sie in den nächsten Tagen entmachten kann. Dazu muss ich aber jetzt den Mut haben, sie anzusehen. Dem stelle ich mich, wenigstens ein paar Minuten. Denn schon bald wird die Umgebung des Weges wieder weit und ich lasse die Beklemmung hinter mir. Mein Unterbewusstsein nimmt das Thema mit und will, dass es weiter Aufmerksamkeit bekommt.

Ein paar Kilometer weiter befindet sich am Wegesrand kurioserweise ein Holzhaus in Fertigbauweise, das man besichtigen kann. Das ist eine tolle Idee! Ich beschließe, dieses Haus tatsächlich von innen anzusehen. Nicht einfach nur, um eine andere Wohnform in Erwägung zu ziehen, sondern mit der Frage: Wenn meine Sehnsucht in diesem Haus wäre, wo könnte ich sie finden? Im Wohnzimmer mit Holzwänden? In der gemütlichen Küche, wobei die Bauweise es ermöglicht, in das Esszimmer und in das Wohnzimmer zu sehen? Ist die Sehnsucht im Schlafzimmer, im Kinderzimmer, im Badezimmer? Oder auf dem Balkon? Gar im Keller? Ich gehe achtsam durch das ganze Haus, um zu spüren, wo sich meine Sehnsucht wohlfühlen würde. Ich tue das, um meine Sehnsucht etwas besser zu verstehen und greifbarer werden zu lassen. Dieselbe Übung könnte ich auch auf einem Spielplatz, in einem Park oder einer anderen Weggelegenheit durchführen, die auf relativ kleinem Raum viele Möglichkeiten bietet, sich in unterschiedlicher Qualität zu verhalten. Diese Räume biete ich der Sehnsucht, die in mir schlummert, an.

Am Abend, am Ziel dieses Tages befindet sich eine Kirche. Hier zünde ich eine Kerze für meine Sehnsucht an, um ihr Kraft zu verleihen. Meinem Pilgertagebuch erzähle ich möglichst ausführlich, bunt und lebendig von meiner Sehnsucht.

Der zweite Tag ist dem Thema »Abschied nehmen« gewidmet. Wenn ich mich meiner Sehnsucht und damit einer neuen Energie in meinem Leben zuwenden will, werde ich

Ruhender Blick

Abschied nehmen müssen: von Lebenssituationen, von Umständen oder Beziehungen, die mich hindern, mich der neuen Qualität meines Lebens zu widmen, die mich im Alten halten wollen.

Gleich morgens bietet mir der Weg einen rückwärtsgewandten Panoramablick an. Davon lasse ich mich anregen, auch in meinem Leben zurückzuschauen: Wo sind mir bisher Abschiede gut geglückt? Welche Umstände, welches Verhalten haben dazu geführt, dass ich in gelungener Weise Abschied nehmen konnte? Beziehungen, die zu Ende gegangen sind, Orte, die ich verlassen musste, Übergänge, die in eine neue äußerliche Situation wie einen neuen Arbeitsplatz führten. Bei alldem musste ich Abschied nehmen. Und ich habe damit gute und weniger gute Erfahrungen gemacht. Ich erinnere mich deshalb daran, weil es eine Lebensressource ist, die ich jetzt gut brauchen kann. Erfolgreiche Prozesse meines Lebens kann ich vielleicht wiederholen. Oder zumindest das Verhalten, das mir geholfen hat, hinzuschauen und sie auf meine aktuelle Situation zu projizieren.

Dabei überlege ich auch, welcher Abschiedstyp ich bin: kurz und schmerzlos? Klammernd und tränenreich? Betone ich emotionale Dissonanzen, damit das Loslassen leichter fällt? Hänge ich lange im Vergangenen? Oder gebe ich dem Geschehenen im Gegenteil zu wenig Raum? Wenn ich mich auf dem nächsten Wegstück ein wenig analysiert habe, kann ich mich entscheiden: Will ich aus der Vergangenheit etwas übernehmen? Welches Erfolgskonzept erscheint mir wertvoll genug, dass ich es auch weiter beibehalten will? Aber auch: Wo will ich umgestalten, weil mich das Ergebnis bisher nie wirklich zufriedengestellt hat? Diese Gedanken schwingen aus, ich genieße die Landschaft, die mir der Weg eröffnet.

Nach einiger Zeit geht es steil bergan, auch noch auf einem wurzelreichen, schmalen Pfad. Ich könnte einfach nur weitergehen und schwer atmen, aber auch diese Gelegenheit will ich nutzen, um darüber nachzudenken, wovon ich mich zugunsten meiner Sehnsucht verabschieden muss. Ich ahne dabei, dass mir dieses Abschied Nehmen nicht leicht fallen wird – so wie dieser Weg mich außer Atem bringt. Darauf kann und will ich mich vorbereiten, indem ich mich auf dem Wegstück den Hügel hinauf auseinandersetze. Natürlich könnte es auch ein in irgendeiner anderen Weise anstrengendes Wegstück sein: an einer Straße entlang, durch ein Industriegebiet, auf einem matschigen, durchweichten Pfad. Das, wovon ich Abschied nehmen will, klebt an mir, es wird nicht leicht, es abzustreifen. Vielleicht fallen mir auf diesem Wegstück Strategien dazu ein?

Mittagspause! Eine schöne Bank, ein einladendes Rasthaus verlocken dazu, mich zu stärken. Ich mache auch Pause vom Thema »Abschied nehmen«, zumindest, bis ich wieder aufbreche. Denn das nächste Stück des Weges soll laut meinem Pilgerführer besonders schön sein: ein alter Römerweg.

Gab es früher an solchen Wegen nicht diese Meilensteine? Stelen am Wegesrand, die anzeigten, wie weit es noch ist, aber auch, dass man einen Abschnitt des Weges geschafft hat. In inneren Prozessen könnte man von Meilensteinen sprechen, wenn eine besondere Leistung vollbracht wurde, die eine neue Phase der Entwicklung einleitet. Es geht bei Meilensteinen also um Orientierung und Wertschätzung dessen, was geleistet wurde. Davon lasse ich mich anregen, meine mitgebrachten Halbedelsteine aus dem Rucksack zu fischen. Diese Steine sollen auf dem nächsten Wegstück meine persönlichen Meilensteine sein. Nachdem ich keine großen Steinstelen mitnehmen konnte, behelfe ich mir mit diesen kleinen, hübschen Steinen, die sich gut in die Natur einfügen werden. Denn ich beschließe, auf dem nächsten Wegstück immer wieder einen wertvollen Stein an den Wegesrand zu legen, wenn ich damit etwas aus meiner Vergangenheit würdigen möchte.

So will ich Besonderes, auch meine besonderen Leistungen noch einmal ansehen, ihnen Würdigung zukommen lassen, vielleicht die erste, die diese Leistung je bekommen hat. Wenn ich diese Teile meiner Vergangenheit nicht würdige, kann ich sie nicht hinter mir lassen. Und um das Abschied Nehmen geht es mir ja am heutigen Pilgertag. Wichtiges, Schönes will nochmal angesehen werden, sonst bleibt es immer im Zwischenbewusstsein. So bekommen die Entwicklungsschritte meiner Vergangenheit, die auch ein gewisser Ballast auf dem Weg zu meiner Sehnsucht sind, auf diesem Wegstück einen je eigenen, ganz speziellen Platz – und wenn ich wieder das Bedürfnis haben sollte, meiner ganz persönlichen Meilensteine zu gedenken, kann ich jederzeit zu diesem Wegstück zurückkommen – nur in Gedanken oder auch ganz körperlich, ganz real.

Besonders schön soll dieses Wegstück sein, sagt mein Pilgerreiseführer. Was macht denn dann diese Kläranlage hier? Die hat doch sicher nichts mit dem Römerweg zu tun. Aber auch diesen Impuls, den mir der Weg anbietet, möchte ich aufnehmen. Denn im Rahmen meines würdigenden Blicks zurück ist mir auch aufgefallen, dass nicht alles ausschießlich Vergangenheit ist. Manches ist noch voller Spannung, muss noch geklärt werden. Natürlich, meine Vergangenheit ist nicht komplett aufgeräumt und kann deshalb manipulierend in meine Gegenwart hinein wirken. Weil mich das auf meinem Sehnsuchtsweg nicht mehr belasten soll, will ich auch davon Abschied nehmen. Wenn das nicht sofort möglich ist, weil es eine zwischenmenschliche Klärung erfordern würde, sammle ich auf dem Weg für jedes dieser noch zu klärenden Themen aus der Vergangenheit einen kleinen Stein vom Wegesrand auf – er muss nicht schwer sein, dafür vielleicht etwas scharfkantig, damit er mich daran erinnert, dass noch eine Aufgabe, eine Klärung (danke, Kläranlage!) aussteht.

Am Ende dieser Tagesetappe bin ich alle meine fünf Edelsteine losgeworden, sie sind nun Meilensteine meines Pilgerweges. Auch drei Kieselsteine vom Weg zähle ich und mache mir in meinem Tagebuch eine Erinnerungsnotiz, dass hier noch etwas aufzuräumen ist, bevor ich wirklich davon Abschied nehmen kann. Weil es so gut gegenständlich symbolisiert und nun auch verschriftlicht ist, muss ich mich für den Rest meiner Pilgerreise nicht mehr damit beschäftigen. Ich habe Abschied genommen, aufgeräumt, soweit es jetzt auf dem Weg geht, und wende mich nun neuen Themen meines Prozesses zu.

Zum Pilgern aufbrechen, sich aufmachen – diese Verben beschreiben einen äußeren Vorgang, wenn man losgeht. Gleichzeitig kann man sie auch von einer inneren Haltung her verstehen: Ich mache mich auf, also: Ich öffne mich (für das, was da kommt), oder noch stärker: Ich breche auf. Etwas, was bisher in mir war, bricht nach außen. Dieses innere Aufbrechen soll mich heute, am dritten Pilgertag, beschäftigen.

Morgens gehe ich von der Herberge direkt in die naheliegende Kirche. Der Raum ist etwas düster, aber der Altar ist schon mit Blumen geschmückt. Ich sehe genauer hin: Einige Blüten sind weit geöffnet und scheinen fast zu strahlen. Andere sind noch geschlossen, scheinen aber in einer Spannung zu stehen. All das Schöne, Bunte, Leuchtende ist schon da, aber im Moment noch verborgen durch die äußeren Knospenblätter. Ein starkes Bild von Kraft und Vorfreude: Wenn diese Knospe aufbricht, wenn ihre Zeit kommt, wenn sie genug Wasser und Licht bekommen hat, wird sie es wie von selbst tun und kehrt dann ihr ganzes Potenzial nach außen. Eine Blüte wird strahlen, scheinbar einen dunklen Raum erhellen und die Herzen der Menschen erfreuen. Ist es auch so mit meinem Aufbrechen? Das, was ich in mir trage, wird erstrahlen und eine beeindruckende Wirkung entfalten.

Aus meinem Rucksack hole ich nun die kleine Nuss, die ich mitgebracht habe. Vielleicht ist es mit meinem Aufbrechen aber weniger wie bei dieser Blüte, sondern vielmehr wie mit dieser Nuss? Da ist eine harte Schale, die nicht ohne Weiteres zu öffnen ist. Dahinter verbirgt sich ein schmackhafter, ein wertvoller Kern, der, einmal von der Schale befreit, seine bittere Süße entfalten kann. Entweder man isst ihn und stärkt sich dadurch, oder man pflanzt ihn ein und es kann ein ganz neuer Strauch oder Baum daraus werden. Stark, was in dieser Nuss steckt. Aber das Problem ist: Zunächst muss sie geknackt werden. Dazu brauche ich ein Hilfsmittel. Ich brauche Kraft, ich muss auch Gewalt anwenden. Denn die Schale muss zersplittern. Wird der Kern darin heil bleiben, wenn ich diese Energie einsetze? Um diese Nuss zu knacken, um sie aufzubrechen, muss ich ein Risiko eingehen. Ich muss etwas, was hart, aber schützend war, zerstören, um das, was dahintersteckt, zur Wirkung kommen zu lassen.

Wenn ich an meinen inneren Prozess denke, den ich auf dieser Pilgerreise betrachte: Welche Art von Aufbruch ist es, der mir bevorsteht? Ist es eine Knospe, die nur genug Luft, Licht, Liebe und Wasser braucht, um sich ganz zu entfalten und zu erstrahlen? Oder ist es eine Nuss, die eine harte Schale hat – zum Glück, denn wie hätte sich sonst dieser wertvolle Kern in ihr überhaupt in Ruhe bilden und wachsen können? Diese Schale muss aber nun, nachdem das Innere zur vollen Entfaltung kommen will und den Schutz nicht mehr braucht, mit Energie geknackt werden, mit Mühe geöffnet, damit der nahrhafte Kern zur vollen Wirkung kommen kann.

Mit diesen Bildern, mit der Knospe und der Nuss, mache ich mich nun auf, dem Tag zu begegnen. Ich spüre, wie diese Vergleiche – vielleicht kommen mir noch ganz andere Aufbruchssymbole in den Sinn – mein Denken und Fühlen anregen.

So sehe ich dann auch die Mariendarstellung in einer kleinen Kapelle am Wegesrand mit besonderen Augen. Die Mutter Gottes ist als Schutzmantelmadonna dargestellt: Maria breitet ihren weiten blauen Mantel wie ein Himmelszelt über die kleinen Menschlein – ein Bild, das viele Menschen über Jahrhunderte getröstet und vielen Halt gegeben hat. Wenn ich aufbreche, werde ich auch Schutz benötigen. Ich werde mich verletzlich machen, sei es, weil ich meine innere Schönheit nach außen kehre (Blüte), sei es, weil ich bereit bin, das, was bisher hinter einer harten Schale verborgen war, nun der Welt zu zeigen (Nuss). Ist es auch diese Marienvorstellung, die mich halten und tragen wird? Wo werde ich Schutz bekommen? Bietet mir mein Glaube diesen Schutz? Sind es andere Menschen, die an meiner Seite stehen? Verwandte, Freunde

Was gibt mir Schutz?

und Freundinnen, vielleicht auch Menschen, die professionell andere in Lebensumbrüchen begleiten? Ich werde es nicht immer allein schaffen, deshalb ist es nötig, dass ich mir meines Rückhaltes, meiner Schutzvorstellungen bewusst werde. Deshalb spüre ich auf den nächsten Kilometern diesem Thema nach.

In einer Kirche am Wegesrand ruhe ich mich ein wenig aus. Freue mich darüber, dass ich hier einen Stempel für meinen Pilgerpass finde. Es gibt aber noch etwas ganz Besonderes im Kirchenvorraum: einen Briefkasten für Post an Gott! Freude, Leid, Trauer, Trost, Dank, all das soll hier wohl hinein, sagen die Pfeile auf der Klappe. Und gern auch anonym, »Gott kennt uns ja sowieso«. Diese nette Idee motiviert mich, tatsächlich ein kleines Kärtchen an Gott zu schreiben, ganz persönlich. Dankbar, weil ich überzeugt bin, dass er in mir und an meiner Seite ist, und weil ich mich dadurch sicher fühle. Wütend, weil ich schon seit meiner Kindheit den Kontakt verloren habe und es all den kirchlich Beschäftigten nicht gelungen ist, wieder eine Brücke zwischen mir und ihm zu bauen. Verzweifelt, weil ich tatsächlich auch noch schlechte

Erfahrungen mit einer Pfarrerin, einem Religionslehrer, einem Mönch, einer Nonne, einer Diakonin oder einem Diakon oder sonst wem, der sich für berufen hielt, das Christentum berufsmäßig zu vertreten, gemacht habe. Neugierig, weil ich gerade auf dem Weg bin zu einer neuen Beziehung zu dieser Energie, die im christlichen Glauben Gott genannt wird. Hoffnungsvoll, weil ich überzeugt davon bin, dass mein Leben in Zukunft gelingender sein wird – welchen Anteil Gott dabei auch haben mag. Zumindest wünsche ich ihm und mir, dass er sich mitfreuen kann.

Natürlich kann ich all diese Zeilen auch in ein Gebetbuch schreiben, wie es in vielen Kirchen ausliegt. In diesem Fall animiert mich der besondere Briefkasten im Kirchenfoyer dazu. Vielleicht rufe ich ja jetzt auch mal oben an, wenn ich eine entsprechende Telefonzelle finde. Oder geht das auch mit Handy? Womöglich funktioniert es ja ganz ohne technische Hilfsmittel – das nennt man dann wohl beten …

Jetzt brauche ich jedenfalls erst einmal eine Erfrischung, vor der Kirche plätschert ein fröhlicher Brunnen. Ich fülle meine Trinkflasche auf, obwohl ich weiß, dass ich bald Wasser genug haben werde, denn der Weg führt mich in ein Flusstal. Es geht also in die Tiefe, der Weg lädt dazu ein. Wenn ich nun auch innerlich nochmal tiefer gehen mag, tue ich das mit der Frage: Was wird wohl zutage treten, wenn ich aufgebrochen bin und mich öffne? Welche neuen Seiten von mir werde ich und werden andere zu sehen bekommen? Schönes, Wertvolles, sicherlich, manches Ungewohnte … Auch Verstörendes? Erschreckendes? Wird es Verletzungen geben?

Während ich an den Flussauen entlangwandere, gehe ich auch diesen Fragen nach. Ich bereite mich so schon ein wenig vor auf die nicht ganz abzusehenden Folgen meines Aufbrechens, meines Aufmachens im Leben.

Schließlich gelange ich an eine schmale Brücke, im Fall

meines Weges sogar eine Hängebrücke. »Jetzt gilt's!«, denke ich bei mir, das andere Ufer wartet, diese Brücke soll zum Wendepunkt meines Weges werden. Ich suche nach einem mittelgroßen Stein, hole meine Nuss hervor und knacke sie. Die Schale brauche ich nun nicht mehr, ich breche tatsächlich auf.

Hängepartie? Keine Bange!

Am Ufer, am Rand der Brücke stehend, spreche ich folgenden Satz laut oder leise, je nach Temperament, zu mir selbst: »Ich breche auf! Das Alte liegt hinter mir. Das Neue wartet auf mich.«

In dieser Energie überquere ich den Fluss. Meine Seele begreift, dass mit diesem äußeren Vorgang jetzt auch innerlich etwas anders ist. Allerdings ist das Überqueren in meinem Fall eine schaukelige, schwingende Angelegenheit. Die Hängebrücke verlangt etwas Schwindelfreiheit, möchte Balance von mir. Gehe ich forsch voran? Taste ich mich zaghaft, Schritt für Schritt dem anderen Ufer entgegen? Was tue ich, wenn es zu sehr wippt? Stehen bleiben? Ausschwingen lassen? Entgegenwirken? In den Schwung hineingehen? All diese intuitiven Reaktionen geben mir eine Idee, wie ich auch im normalen Leben mit meinem Aufbrechen und seinen Folgen umgehe. Will ich das so? Oder möchte ich eine andere Reaktion üben? Darüber kann ich nach dieser Beobachtung in Zukunft entscheiden. Der Rest des Weges über Felder und durch Wälder geht relativ unspektakulär voran, aber innerlich bin ich erfüllt: Ich bin aufgebrochen.

Der letzte Tag dieser Pilgerreise steht unter dem Motto »Neues wagen«. Ich weiß, dass ich bereits mit den ersten Schritten, die ich tue, meinem Leben eine neue Richtung vorgebe. Deshalb lohnt es sich nach all den grundsätzlichen Überlegungen der letzten Tage nun ganz konkret zu werden. In der Kirche, in der ich den heutigen Tag beginne, befindet sich auf der Brüstung der Empore eine Inschrift, die man lesen kann, wenn man den Kirchenraum verlässt und dabei den Blick nach oben schweifen lässt: *Quo vadis?* – ja, genau, wohin gehst du, Pilgersmann, Pilgersfrau?

Ich nehme mir vor, die ersten Schritte, die ich unternehmen will, wenn ich in den Alltag zurückgekehrt bin, ein wenig zu strukturieren. Dazu habe ich mir kleine Zettelchen, auf die ich Fußabdrücke gemalt oder kopiert habe, in verschiedenen Farben mitgebracht: orangefarbene, gelbe und grüne. Immer, wenn mir ein konkreter Schritt, ein Vorhaben einfällt, das ich jetzt, nach meinem Aufbrechen und Unterwegssein, umsetzen will, schreibe ich es auf einen dieser Zettel: auf orangefarbene, wenn ich es direkt in den nächsten drei Tagen umgesetzt haben will. Auf gelbe Zettel, wenn es dringend ist, aber noch in den nächsten beiden Wochen getan werden kann. Und auf grüne Zettel, wenn die Schritte auch wichtig sind, aber noch in einem Monat umgesetzt werden können. Ich schreibe auf jeden Zettel ein Datum dazu, wann ich diesen Schritt, dieses Neue angehe oder wann ich es umgesetzt haben will. So kann ich die Zettel zu Hause an meinen Kalender heften und immer kontrollieren, ob ich mein Vorhaben genau so zielstrebig verfolge wie meinen Pilgerweg.

Neues wagen – auf einer Bank sitzend prüfe ich nochmal: Stimmen die Notizen auf den Zetteln so? Ist auch wirklich Neues dabei? Ich werde meine Sehnsucht nicht erreichen, wenn ich nur Rückwärtsgewandtes zu tun beabsichtige. Sind es nicht zu viele? Mehr als 6, 7 Schrittzettel sollten es nicht sein. Ist jede Farbe vertreten? Auch wenn ich jetzt auf dem Pilgerweg unendlich viel Aufbruchsenergie verspüre, im Alltag wird sich das verändern, deshalb will ich mich nicht überfordern, indem ich bis in 3 Tagen 18 orangefarbene Zettel umgesetzt haben will. Auch grüne Schritte zu haben ist wichtig, um meinem Entschluss Langzeit- und Tiefenwirkung zu geben.

Mein Weg kurz vor dem Ziel wird nochmal schmal, Äste reichen in den Pfad hinein, machen das Vorankommen mühselig. Matschige Stellen liegen vor mir, an Wurzeln und Unebenheiten kann ich leicht umknicken. Jeder Schritt wird plötzlich richtig anstrengend, so kurz vor dem Ziel. Womöglich, so denke ich bei mir, könnte das auch bei meinem Projekt »Neues wagen«, bei meinen bunten Schritten so sein: Es wird Widrigkeiten und Widerstände geben, die mich hindern wollen, das Neue umzusetzen. Alte Gewohnheiten und Strukturen werden mich zu hindern versuchen, genauso andere Menschen, die mich ja so wollen, wie sie mich kennen. Und nun lernen sie mich neu kennen. Nicht allen wird das behagen. Nicht alle werden damit umgehen können. Das wird, so ahne ich, unangenehm werden. Welche Ideen kommen mir, wie ich dennoch erfolgreich damit umgehen kann? Kenne ich Gegenstrategien, die mir schon früher geholfen haben, Neues in meinem Leben umzusetzen? Wenn ja, werden sie auch diesmal taugen? Oder muss ich neue Ideen entwickeln? In jedem Fall wird es kein Zuckerschlecken, denn das gewohnte Umfeld, in das ich zurückkehre, wird nicht mit allen Schritten, die meinem Leben nun Richtung geben sollen, einverstanden sein. Das wird mir jetzt klar, während ich nochmal über eine Wurzel stolpere und niedrig hängende Äste unangenehm am Kopf vorbeistreifen.

Zum Glück ist das Ziel meines Weges nicht mehr weit. Es ist eine Kirche in einer mittelgroßen Stadt, der Weg führt lange durch einen Park, sodass ich das Grau und den Lärm der Stadt erst spät wahrnehme. Beides ist, nach Tagen der Ruhe in vorwiegend grüner Natur, unangenehm, holt mich aber auch wieder zurück aus meiner Pilgerwelt und bringt mich in Kontakt mit meinem alltäglichen Leben.

In der Kirche jedoch ist es noch einmal still und kühl. Ich lasse den Raum auf mich wirken. Angekommen! Erleichtert klingt das Wort in mir nach. Ich merke, dass Erschöpfung von mir abfällt. Noch einmal lege ich Spannung in meinen Körper und gehe zum Altar. Stolz erfüllt mich, Kraft ist trotz meiner Müdigkeit zu spüren. Aufrecht gehe ich an den Bänken vorbei, bis ich an den Stufen zum Chor angekommen bin. Ich schaue nach vorn, nach oben. Zu den Seiten. Mein Platz. Ich bin jetzt hier. Meine Sehnsucht hat mich aufbrechen lassen, und nun bin ich angekommen. Noch nicht an der Erfüllung meiner Sehnsucht. Aber am Ende eines Prozesses, der mich meiner Sehnsucht ein großes Stück näher gebracht

Sehnsucht kann leuchten

hat. Ich danke. Ich singe. Ich setze mich in eine der vorderen Bänke und lasse Ruhe einkehren.

Nach einiger Zeit ist es Zeit zu gehen. Ich brauche etwas zu trinken. Eine Toilette wäre auch nicht schlecht – wie immer liegen beim Pilgern das Heilige und das Profane nah beieinander. Aber bevor ich die Kirche wieder verlasse, möchte ich noch eine Kerze, eigentlich besser zwei anzünden. Eine Kerze der Dankbarkeit, dass ich gut und heil angekommen bin. Und eine Kerze für meine Sehnsucht. Möge ihr Licht mir auch weiterhin warm in dunkle Situationen scheinen, mich stärken und mir Orientierung geben, damit ich irgendwann Erfüllung finden kann.

Zusammenfassung der Impulse des Weges:

1. Tag: Sehnsucht
Ich gebe meiner Sehnsucht Raum.
Welche Gefahren lauern am Wegesrand?
Wo würde meine Sehnsucht sich wohlfühlen?

2. Tag: Abschied nehmen
Was kann ich von meinen gelungenen Abschieden lernen?
Wertschätzung für das Vergangene.
Noch zu klären, aufzuräumen?

3. Tag: Aufbrechen
Aufbrechen: Blüte oder Nuss?
Was wird mir Schutz geben?
Meine Post an Gott.
Was wird mir in der Tiefe begegnen?
Ich breche auf: Das Alte liegt hinter mir, das Neue wartet auf mich.

4. Tag: Neues wagen
Quo vadis: Wohin führen meine ersten Schritte?
Was will ich ändern: in den nächsten 3 Tagen / in den
nächsten 2 Wochen / im nächsten Monat?
Was wird meine Veränderungsbemühungen stören?
Wie kann ich dem begegnen?

Christina

Ich traf Christina am Ende eines ziemlich verregneten Pilgertages in einer Klosterkirche. Plötzlich stand sie neben
mir, vor lauter Regenumhang und Regenhose war nur zu
erkennen, dass sich da ein pitschnasses Pilgeretwas neben
mir befand. Nach dem Vespergebet brachte uns ein Mönch,
der unschwer die beiden einzigen Pilgernden des Tages, die
um eine Unterkunft baten, erkannte, zu einem einfachen
Schlafraum mit fünf Betten. Christina und ich hatten bisher
kaum ein Wort miteinander gewechselt, nun teilten wir ein
Pilgerschlafzimmer.

Aus dem Regenzeug schälte sich eine mittelgroße Frau
mit braunen Haaren und lustigen braunen Knopfaugen.
Christina war augenscheinlich froh, mich zu sehen, denn
sie war jetzt seit 13 Tagen auf dem Jakobsweg in Österreich
unterwegs und ich der erste Pilger, der ihr begegnete, wie
sie mir erzählte. Offensichtlich hatte sie Kontakt- und Rede-
bedarf.

Kein Wunder, denn vor 10 Jahren machte sie eine ganz andere Pilgererfahrung. Damals war sie mit Mitte 20 allein auf
dem *Camino Francés* unterwegs. So blieb es jedoch nicht,

obwohl sie sich immer wieder Nischen suchte, um für sich sein zu können. Sie erlebte, dass das Pilgern in Spanien eine sehr gesellige Angelegenheit sein kann.

Und nun das: Ganz allein pilgerte Christina aus Graz jetzt durch das verregnete Österreich, auch abends in den Klöstern und Pfarreien sind bestenfalls gastfreundliche Geistliche anzutreffen. Das Alleinsein fiel ihr besonders schwer, weil sie vor zwei Wochen zu Hause aufgebrochen war, da allerdings mit ihren beiden Kindern. Der Ältere hatte Erstkommunion, und darauf wollte sie ihn pilgernd vorbereiten: Die Zeit davor sollte eine besondere Erfahrung für den Nachwuchschristen sein. Und tatsächlich waren wohl besonders Geistliche am Wegesrand begeistert, dass da so ein junger Mensch schon auf einem spirituellen Weg ist. Von der kleineren Schwester nahmen sie allerdings kaum Notiz, erzählte Christina, inzwischen getrocknet und aufgewärmt, beim Kaffee in der nahen Kneipe.

Eine prima Idee, fand ich, den Kindern einen achtsamen Einstieg ins Pilgern zu ermöglichen. Christina wusste aus eigener Erfahrung, dass Pilgern gerade an den Schnittstellen des Lebens, so wie die Erstkommunion eine ist, besonders wirksam sein kann. Sie selbst war vor 10 Jahren auch in einer Schwellensituation aufgebrochen: Sollte sie den eingeschlagenen Weg zur Ärztin weitergehen? Oder doch ihrer künstlerischen Ader mehr Raum geben – auch beruflich? Durch die Erfahrung des Pilgerns fühlte sie sich damals ermutigt, das eine oder andere Künstlerische auszuprobieren. Aber diese Arbeit entfaltete nicht die Kraft, sich darin auch beruflich zu verwirklichen. Deshalb habe der Jakobsweg ihr Leben gar nicht so sehr verändert, behauptete sie. Ich widersprach vorsichtig, denn ich war überzeugt: Wenn Christina nie ausprobiert hätte, wie es ist, als Künstlerin zu leben, dann wäre sie mit ihrem Medizinstudium und als Ärztin immer unzufrieden gewesen, weil sie das Gefühl behalten hätte, eine wichtige Facette ihrer Persönlichkeit nicht gelebt zu haben. Nachdem sie die kreativen Alternativen ausprobiert hatte, wusste sie, dass das Heilen ihre Berufung ist. Ihre künstlerische Seite lebte sie nun in ihrer Freizeit und auch mit ihren Kindern aus. So hat das Pilgern in diesem Fall keine spektakuläre äußere Wende herbeigeführt, sondern einen biografischen Weg abgesichert.

Und was, abgesehen von der Erstkommunion ihres Sohnes, bringe sie jetzt erneut allein auf den Jakobsweg, frage ich. Denn nach der Kommunionfeier hatte Christina die Kinder bei ihrem Mann gelassen und war nochmal für sich losgezogen. Offensichtlich war da immer noch ein Anliegen, das sie bewegte. Ja, meinte sie, da wäre sicher noch etwas: Die Schulmedizin habe sie zwar erlernen müssen, aber im österreichischen Gesundheitssystem sei kaum Platz für echte Heilungsbegegnungen. Zum Teil arbeitete sie in Spitzenzeiten 60 Stunden wöchentlich im Spital, war aber mit der Situation, den Rahmenbedingungen, nicht zufrieden. Deshalb hatte sie sich zusätzlich in Traditioneller Chinesischer Medizin ausbilden lassen. Damit wollte sie sich nun, nach ihren letzten anstehenden Prüfungen, selbstständig machen. Ein Schritt, von dem sie wusste, dass es der richtige für sie war, weil ihre Seele ihr das in der Ruhe des Weges zeigte. Aber dennoch gehörte Mut dazu, gerade angesichts der familiären Verantwortung, die mit einer Festanstellung besser zu tragen wäre. Aber nein, sie wollte sich nicht verbiegen und nahm mit ihrem Pilgern jetzt Anlauf zu einem großen Schritt in die Selbstständigkeit, die ihr ermöglichte, ihre Berufung zu leben. Christina wird heilen.

Wandelbar – Pilgern zur Neuorientierung in der Mitte des Lebens

Dieses Angebot beschreibt einen konkreten Weg, wie ich ihn mit einem Team von Pilgerbegleitern und -begleiterinnen angeboten habe. Er führt auf dem Schwäbischen Jakobsweg über 4 Tage von Konstanz am Bodensee bis Einsiedeln in der Schweiz. Die angebotenen thematischen Anregungen und Impulse lassen sich wie bei allen beschriebenen Wegen aus dem Gruppengeschehen herauslösen und auch auf einen Weg, den man allein geht, anwenden. Es ist ebenfalls möglich, die Themen und Fragestellungen von diesem konkreten Weg in der Schweiz zu lösen und auf einen anderen Weg umzusetzen.

Mitte des Lebens – was heißt denn das? Niemand weiß vorher, wo sich die persönliche Lebensmitte befindet. Viele Menschen erleben jedoch im Alter zwischen 35 und 55, dass sich ihr Leben verändern muss. Sie geraten in unterschiedlichen Lebensbereichen in einen Umbruch oder gar in eine Krise. Häufig geht es um Beziehungs- und Familienthemen, um Neuorientierung im Beruf, um Krankheits- oder um Sinnfragen, also einen breiten Themenfächer, der auch dadurch verbunden ist, dass Menschen an Grenzen ihres Lebens geraten sind. Die oft schmerzhafte Erfahrung von Grenzen machen einen Wandel, eine Neuorientierung erforderlich. Deshalb haben wir einen Weg ausgewählt, der sich in sehr unterschiedlicher Weise mit eben diesem Thema »Grenzen« auseinandersetzt. Wir fahren mit dem Zug nach Konstanz, um von dort auf dem sogenannten Schwabenweg, also einem Jakobsweg, auf dem die Menschen aus Schwaben nach Santiago de Compostela aufgebrochen sind, zum berühmten Wallfahrtsort Einsiedeln in der Schweiz zu gelangen, der schon immer eine wichtige Zwischenstation auf dem Weg nach Spanien war.

Um den inneren Prozess zu strukturieren, haben wir einen thematischen Spannungsbogen über die vier Tage der Pilgerreise gelegt. Jeder Tag steht unter einem Motto, einer bestimmten Perspektive: Wir beginnen am ersten Tag mit der Gegenwart, schauen am zweiten in die Vergangenheit, dann am dritten Tag in die Zukunft. Dabei folgen wir bewusst nicht der biografischen Chronologie – also von der Vergangenheit über die Gegenwart in die Zukunft –, sondern beginnen dort, wo Menschen gerade stehen: im Jetzt. Danach kommt die Vergangenheit zu ihrem Recht: Wie wurde ich, was ich bin? Weiter geht es mit der Zukunft: Wohin will ich eigentlich, welche Zielpunkte geben mir die Richtung vor? Nach diesen drei Tagen mit unterschiedlichen Zeitdimensionen geht es am vierten Tag um den Transfer der Erkenntnisse ins »wahre«, alltägliche Leben.

Der erste Tag beginnt mit der Zuganreise, und zwar nicht bis Konstanz Hauptbahnhof, sondern dem etwas vorgelagerten Bahnhof Konstanz Petershausen. Das hat den Vorteil, dass wir uns dem spirituellen Ausgangspunkt unserer Pilgerreise, dem Münster in Konstanz, in gebührender Langsamkeit nähern. Um in die Innenstadt zu gelangen, müssen wir mithilfe einer Brücke einen Arm des Bodensees überqueren. Diese Überquerung gestalten wir bewusst, denn am ersten Tag überqueren wir einen See und ebenso am letzten Tag unserer Reise. Wir schlagen also einen energetischen Spannungsbogen zwischen der Brücke am Anfang des Weges und der Brücke am Ende des Weges. Dazwischen befindet sich der Weg, der persönliche Veränderungen möglich machen soll. Äußerlich führt diese Brücke nur über einen Arm des Bodensees, eigentlich nichts Besonderes. Aber symbolisch können wir dieser Überquerung eine Bedeutung für den inneren Prozess der Seele geben: »Mit diesem Weg über die Brücke verlässt du das bekannte Ufer des Vertrauten und machst dich auf, um dem Ungewissen entgegenzugehen. Das Wasser zeigt, dass du den festen Boden unter dir aufgibst und du dich, getragen von der alten Pilgertradition, neuen Ufern zuwendest. Ab dieser Brücke öffnet sich ein Raum des Denkens und Fühlens, ein Erlebnis- und Erfahrungsraum, der dich verändern wird. Wenn du gegen Ende der Pilgerreise wieder einen See überquerst, wirst du nicht mehr Dieselbe / Der-

It's a long, long way

selbe sein. Fürchte dich nicht, brich auf und wende dich dem zu, was auf dich wartet.« In diesem Bewusstsein öffnen wir eine Schleuse, die uns ausgehend von der Gegenwart durch die Vergangenheit hindurch in eine neue Zukunft führt.

Im Münster, einige hundert Meter weiter, gestalten wir eine Aussendungszeremonie. Dazu betreten wir die Kirche durch das Hauptportal und gehen durch einen Kreuzgang in die alte Kapelle zum Heiligen Grab, in der wir an der Mauritiusrotunde auf eine sehr alte Darstellung des Apostels Jakobus treffen, der eine ganze Menge Pilgerstäbe und Pilgertaschen bereithält. Ein Hinweis, der uns spüren lässt, dass an diesem Ort schon seit Jahrhunderten Pilger und Pilgerinnen ankamen oder ausgesandt wurden. Hier bekommt jede und jeder Mitpilgernde einen persönlichen Segen zugesprochen, um die Seele zu stärken und Beistand durch göttliche Energie zu vergegenwärtigen. Alle erhalten auch einen Pilgerpass, der den Aufbrechenden schon von Alters her als Pilger oder Pilgerin ausweist und Menschen am Wegesrand dazu ermutigen soll, diesen Pilgernden in seinem Vorhaben und Anliegen zu unterstützen. Heute benötigt man ihn vor allem, um Zutritt zu Pilgerherbergen zu bekommen und am Ziel in Santiago nachzuweisen, dass man den Weg auch wirklich gegangen ist. Durch viele Stempel, die man sich an jeder Tagesetappe, an wichtigen Kirchen und Klöstern am Weg geben lassen kann, wird dieses Dokument im Laufe des Weges zu einem einmaligen, bildschönen Erinnerungsstück. Den ersten dieser Stempel kann man bereits hier in der Kirche am Schriftentisch bekommen.

Wer sich entschieden hat, diesen Weg allein zu gehen, sollte sich also schon vorher bei einer der Jakobusgesellschaften einen Pilgerausweis besorgt haben. Zusätzlich ist es gut, sich ein zum Wandel einladendes Segenswort auszuwählen und mitzubringen. Dieses Wort kann man sich selbst zusprechen oder jemanden darum bitten, den man in der Münsterkapelle trifft. Natürlich kann man auch einen örtlichen Geistlichen fragen, ob er nicht eine Pilgeraussendung vornehmen kann.

Wir durchqueren die schöne, aber auch geschäftige Konstanzer Innenstadt und kommen an die erste – äußere – Grenze: Wir verlassen Deutschland zu Fuß und wandern in die Schweiz, nach Kreuzlingen. Diese Grenzerfahrung ist noch nicht sehr körperlich, aber dennoch spürbar: Wir gehen schon ein wenig in die Fremde, indem wir das eigene Land verlassen und in ein Land wandern, das anders ist. Sprache, Währung, Traditionen – es wird spannend, sich in dieses Umfeld als Pilger oder Pilgerin einzufinden.

Erst nachdem wir auch den Ort Kreuzlingen verlassen haben, machen wir an einem schönen Aussichtspunkt hinter einem Friedhof Halt. Hier schauen wir zurück zum Bodensee, zur Stadt Konstanz/Kreuzlingen – und lassen das Äußerliche hinter uns, um uns in die innere Gegenwart zu begeben, also dem Thema dieses Tages: »Gegenwart«.

Auf den nun folgenden 14 Kilometern bis zur ersten Übernachtungsstation, der Pilgerherberge in Märstetten, geht es nun darum, sich mal im Austausch, mal im Schweigen darüber klar zu werden, wo man gerade im Leben steht und welches Wandelthema einen gerade beschäftigt. Womöglich sind es gar mehrere? In Gesprächen und im Schweigen versuchen wir die Themen möglichst konkret werden zu lassen und auf ganz klare Fragestellungen hin zuzuspitzen.

An einer Walddurchquerung verstärken wir die Wahrnehmung der Gegenwart auch sinnlich, indem wir zu einer viertelstündigen Lauschübung einladen. Es geht darum, schweigend durch den Wald zu gehen und die Geräusche der Umgebung wahrzunehmen. Nach dieser Übung ist überraschenderweise auch die Aufmerksamkeit für die aktuelle Lebenssituation geschärft: Achtsamkeit im Äußeren führt zu Achtsamkeit im Inneren.

In der abendlichen Austauschrunde in der urig gestalteten Pilgerherberge, die Pilgerfreunde und -freundinnen in Märstetten mit viel Herz betreuen, geht es darum, die körperliche Verfassung am Ende dieses vielfältigen Reisetages wahrzunehmen und in wenigen Sätzen nochmal die gegenwärtige Lebenssituation zu beschreiben. Wer allein unterwegs ist, trifft hier vielleicht auf andere Pilgernde, mit denen so ein Austausch möglich ist. Aber auch das Pilgertagebuch bietet eine gute Möglichkeit zur Selbstreflexion.

Das Schlafen in pilgerüblichen Mehrbettzimmern mit Stockbetten ist für manche auch wieder eine der beabsichtigten Grenzerfahrungen. Die Pilgerherberge in Märstetten ist recht einfach, es gibt lediglich ein Badezimmer für alle, 10 Betten verteilt auf zwei Räume, fast alle als Stockbetten. Für manche eine Zumutung. Aber so ist das auch mit meiner Situation in der Gegenwart meines Lebens: Nicht immer kann ich mir die Menschen um mich herum aussuchen, und auch nicht, wie sie mich beeinflussen, vielleicht sogar in dem, was ich tun will, beeinträchtigen.

Der Morgen des zweiten Tages beginnt nach dem Frühstück mit einem Morgenimpuls in der kleinen Kirche des Ortes. Dabei gehen wir bewusst auf den Namen Märstetten, also Stätte der Mär(chen) ein, die uns in das Thema des zweiten Tages hinüberführt: »Es war einmal …« – die Vergangenheit. Was brachte mich eigentlich an den biografischen Ort, in die Lebenssituation, in der ich mich jetzt befinde?

An der ersten großen Brücke des Tages nutzen wir erneut das Symbol. In diesem Fall, um jene imaginäre Brücke in die Vergangenheit zu schlagen. Wir lesen einen Text von Ulrich Schaffer, in dem es darum geht, dass man manchmal die Brücken in die Vergangenheit verbrennen muss, weil sie bequem sind und in die alte Unmündigkeit führen. Wenn man sie nicht zerstört, kann man sich nicht aus der Unmündigkeit und Unreife der Vergangenheit befreien. Brücken in die Vergangenheit verbrennen? Um in Ruhe über die Anregung, vielleicht auch Provokation nachzusinnen, welche nicht mehr passenden Abhängigkeiten mich mit der Vergangenheit verbinden und mich deshalb nicht wachsen lassen, gehen wir in der halben Stunde bis zum nächsten Ort im Schweigen.

Im Auf und Ab des weiteren Tages erzählen alle Pilgerinnen und Pilger Erlebnisse, Begebenheiten aus ihrem Leben, die mit der aktuellen Umbruchssituation auf dem Weg zu tun haben. Ein Fokus in den Gesprächen ist, die »Werkzeuge«, mit denen man in der ersten Lebenshälfte den Problemen, Schwierigkeiten und Widrigkeiten begegnet ist, zu überprüfen. Taugten sie wirklich? Haben sie in meinen Problemen zu einer guten Lösung geführt? Helfen sie mir auch heute weiter? Oder muss ich für die zweite Lebenshälfte über neue Werkzeuge und Methoden zur Konflikt- und Krisenbewältigung nachdenken?

Befruchtender Austausch

Ein Beispiel: Hatte ich bisher in meinem Leben vorzugsweise das Wohl meiner Familie im Blick und habe ich mich dafür aufgeopfert, dass es anderen gutgeht? Habe ich um der Harmonie willen in Konflikten die eigenen Interessen zurückgestellt? Dieses Verhalten nehme ich auf dem Weg unter die Lupe: Wozu hat das geführt? War die Lösung, das Ergebnis dieses Prozesses wirklich für alle gut? Wie erging es mir damit? Wo blieb ich mit meinen Interessen? Mutmaßlich war dieses Vorgehen nicht immer das beste, für mich nicht und für andere nicht.

Welche Formen könnte ich für meine zweite Lebenshälfte entwickeln, um in Meinungsverschiedenheiten besser zu bestehen? Wie könnte ich diese umsetzen? Viele weitere Strategien werden bedacht, Menschen bringen unterschiedlichste Erfahrungen mit.

Ebenfalls ein Thema des zweiten Tages sind Überzeugungen, die sich in der Kindheit in mir festgesetzt haben, weil sie mir in verschiedenen Zusammenhängen zugesprochen wurden. Sie haben mich in der ersten Lebenshälfte unreflektiert geleitet. Auch sie kommen auf den Prüfstand. Typische Beispiele dafür sind: »Ich schaffe das nicht«, »Sei fleißig, damit etwas aus dir wird«, »Ich werde immer verlassen«, oder auch Sprichworte, die wir zu hören bekamen: »Schuster, bleib bei deinen Leisten«, »Eine Schwalbe macht noch keinen Sommer«, »Was Hänschen nicht lernt, lernt Hans nimmermehr«. Wie ich am besten mit solchen, in der Psychologie »Glaubenssätze« genannten Phrasen umgehen sollte – sie nämlich zunächst identifizieren, ihre Herkunft ausloten, sie im Weiteren positiv umformulieren und auf jenes Ziel lenken, das ich erreichen will –, muss an anderer Stelle vertieft erschlossen werden. Auf dem Weg wandeln wir die Beispielsätze um in neue Sätze, die uns angemessener und lebensfreundlicher erscheinen: »Mir ist mehr möglich, als ich dachte«, »Ich bringe Engagement und Entspannung in Balance«, »Ich bin es wert, dass Menschen bei mir bleiben«, »Ich kann Neues ausprobieren«, »Auch kleine positive Zeichen sind viel wert«, »Als Gretel bin ich ein Leben lang lernfähig«. Wichtig ist an diesem Tag also, meine Glaubenssätze zu entdecken, sie wahrzunehmen – und dann zu entscheiden, ob ich sie auch weiterhin für wahr halten will. Welchen Glaubenssätzen aus meiner Vergangenheit will ich also Grenzen setzen?

Zeit dafür ist reichlich, denn der Tag, der uns über 27 Kilometer zum Kloster Fischingen führt, ist lang und mit Auf und Ab durchaus nicht für alle leicht zu bewältigen. In der abendlichen Abschlussrunde im Kloster erzählen wir uns über die körperliche Befindlichkeit hinaus von Schlüsselerkenntnissen im Blick auf das Nachdenken über die Vergangenheit. In diesem Kloster gibt es ein großes Bettenlager für alle Pilgerinnen und Pilger, alle schlafen also im selben Raum: für manche noch eine Steigerung der Herausforderung im Verhältnis zur ersten Nacht, als es wenigstens noch zwei Schlafräume gab.

Die Benediktinermönche des Klosters Fischingen pflegen die Tradition der morgendlichen Pilgersegnung, sodass wir feierlich ausgesandt in den dritten Tag gehen, jenen, der die Perspektive der Zukunft aufgreift. Fischingen, ein Fischen im

Trüben – mein Blick auf die Zukunft? Oder kann sie heute
etwas deutlicher erkennbar werden? Der Tag ist von der körperlichen Herausforderung her sehr anstrengend, da er sich
über 30 Kilometer erstreckt und am Vormittag über einen
steilen Berg, das Hörnli, führt, was bedeutet, dass neben der
großen Distanz auch einige Höhenmeter zu bewältigen sind.
Aber es gibt eine Möglichkeit, dem zu entgehen, indem man
Hilfe annimmt und sich Erleichterung verschafft: Nach 16 Kilometern ist es möglich, in den Zug zu steigen und auf diesem
Weg nach Rapperswil zu gelangen.

Auch hier ist also der richtige Umgang mit Grenzen gefragt,
und zwar vorausschauend: Werde ich 30 Kilometer schaffen?
Werde ich mich durchbeißen, wenn es schwierig wird, hart
und zäh? Oder, ebenfalls richtig und wichtig: Was überfordert mich, wo muss ich mir helfen lassen? Wo gibt es alternative Möglichkeiten, mit meinem Thema umzugehen? Niemand wird gedrängt, sich für die eine oder andere Lösung zu
entscheiden, jede und jeder soll, möglichst unabhängig und

unbeeinflusst von den anderen, entscheiden, auf welche Weise er oder sie das Ziel des Tages erreichen will. Diese Reflexion über den Umgang mit Grenzen, an die mich das Leben gebracht hat und die mir in anderer Weise nun hier auf dem Pilgerweg begegnen, macht den Tag wertvoll.

Nebenher wird über Zukunftsbilder sinniert, beispielsweise mit Hilfe einer kleinen Fantasiereise zum eigenen 80. Geburtstag: Wie werde ich diesen feiern? Wer feiert mit? In welchem Rahmen? Wenn dazu lebendige Bilder entstanden sind, lautet die zweite Denkaufgabe: Was muss ich heute ändern, welche Weichen muss ich heute stellen, damit ich mit 80 dort bin? Für viele sind bis dahin noch über 30 Jahre Zeit, lang genug, um das Leben daraufhin auszurichten. Der Denk- und Austauschstoff geht also nicht aus, während wir uns der sympathischen Pilgerherberge in Rapperswil und dem Zürichsee nähern, den wir am nächsten Tag überqueren werden.

Gleich, ob man nun gefahren oder gelaufen ist, der Tag war für alle eine Lektion im Umgang mit Grenzen, denn von jenen, die sich entschieden haben, die ganze Distanz zu gehen, sind bisher die wenigsten 30 Kilometer zu Fuß gegangen. Und für die anderen war es eine wichtige Erfahrung, die eigenen Kräfte nicht zu überschätzen, sich diesmal, anders als vielleicht im richtigen Leben, nicht zu überfordern, sondern ohne Gesichtsverlust den leichteren Weg zu wählen. Viele entscheiden sich an dieser Stelle übrigens anders, als sie es sonst von sich gewohnt sind. Und das ist gut so, da es ja darum geht, neue Verhaltensmuster auszuprobieren. Auch von diesen Erfahrungen ist die abendliche Austauschrunde geprägt.

Am vierten Tag wartet die zweite Seeüberquerung: Wir verlassen nun den Spannungsbogen, den wir am ersten Tag eröffnet hatten, der uns durch Gegenwart, Vergangenheit und

Zukunft gebracht hat. Der Weg führt nun mit einer etwa ein Kilometer langen Holzbrücke über den Zürichsee. Wir gehen in Form des Solos, das heißt, jede und jeder geht allein, im angemessenen Abstand zu den anderen, im eigenen Tempo über diese eindrückliche Holzbrücke. Dabei ist es wichtig, sich die in den letzten Tagen gewonnenen Erkenntnisse bewusst zu machen und auf den Punkt zu bringen. Die schmale Holzbrücke hilft dabei. Eine Schlüsselstelle des Weges und eine entscheidende Situation im inneren Prozess: Noch einmal durchquere ich die Dimensionen Gegenwart, Vergangenheit, Zukunft. Ich versuche, mir die wichtigsten Erkenntnisse vor Augen zu führen. Das, was mein Leben von nun an beeinflussen und leiten soll, steht im Zentrum meiner Aufmerksamkeit – an diesem Tag und besonders bei dieser langen Seeüberquerung, die ich ohne die Ablenkung anderer, nur auf mich fokussiert gehe.

Am anderen Ufer angelangt, beginnt bald ein steiler Anstieg zum Etzelpass. Die Idee auf diesem Wegstück: So an-

Brückenfunktion

strengend wie dieser zweistündige Anstieg ist, wird auch die Bemühung, die gewonnenen Erkenntnisse in den Alltag mitzunehmen und umzusetzen. Denn nun ist konkrete Handlung gefragt: Ich habe meine persönliche Lage angesehen, habe mich damit beschäftigt, wie ich dorthin gelangt bin, und habe eine Idee erarbeitet, wohin es gehen könnte.

Jetzt geht es eben darum, sich erste konkrete Schritte für zu Hause zu überlegen. Weil wir nach dem Pass erneut eine Brücke überqueren, soll diese ebenfalls für einen Impuls genutzt werden. Es handelt sich um die »Tüffelsbrügg«, also um die Teufelsbrücke. Bei deren Überquerung und auf dem folgenden Weg ist es spannend, einen kleinen Blick in die nahe Zukunft zu werfen: Welche »Teufelchen« werden es mir wohl schwer machen, meinen neuen Weg im Alltag umzusetzen? Mit welchen Strategien will ich ihnen entgegenwirken?

An einem besonderen Ort kurz vor dem Ziel Einsiedeln, dem sogenannten Galgenchäppeli – also der Galgenkapelle – hänge ich auch das, was mich an meiner wandelnden Lebensidee hindert, an den nicht mehr vorhandenen Galgen und gehe nun befreit auf mein Ziel, auf den Wallfahrtsort Einsiedeln zu. Von der Aussicht auf baldiges Ankommen beflügelt, denke ich darüber nach, ob es auch »Engelchen« als Gegenenergie gibt, die mir bei meinem Wandel helfen werden? Wie kann ich mir deren Unterstützung sichern?

Das Kloster ist schon von Weitem in Sicht, aber es dauert noch eine Stunde, bis wir tatsächlich davorstehen. Wir haben es geschafft, sind nun auch äußerlich an unserem Ziel angekommen. Sind an Grenzen geraten, haben sie überwunden, haben Brücken, Seen, Flüsse und innere Untiefen überquert. Mit diesem Gefühl gehen wir dankbar in die beeindruckende Basilika. Hier sind wir nicht mehr allein, viele Touristinnen und Wallfahrer sind in der Kirche. Ob diese auch so einen intensiven Wandelweg hinter sich haben?

In der abendlichen Abschlussrunde benennen wir nochmal die nächsten konkreten Schritte, die wir nach Abwägungen nun tatsächlich umsetzen – und auch, was wir nach diesen Tagen hinter uns lassen wollen. Diese Absichten vor anderen zu bekunden, soll uns in der Umsetzung stärken. Wandelbar – gewandelt kehren wir am nächsten Tag zurück in die vertraute Heimat, schön ist dabei, dass die Rückreise per Zug es möglich macht, zumindest nochmal den Zürichsee und die eindrückliche Brücke von Rapperswil nach Pfäffikon, die den Wende- oder Wandelpunkt darstellt, zu sehen.

Zusammenfassung der Impulse des Weges:

1. Tag: Gegenwart
Seeüberquerung: Brücke öffnet den Wandlungsraum.
Äußere Grenzüberquerung in ein neues Land.
Wo stehe ich gerade im Leben und welches Wandlungsthema beschäftigt mich?
Lauschen, um die Achtsamkeit zu schärfen.

2. Tag: Vergangenheit
Von welcher Vergangenheit muss ich mich verabschieden, weil sie mir schadet?
Taugen meine Werkzeuge der Konflikt- und Krisenbewältigung noch?
Wahrnehmung und Wandlung meiner Glaubenssätze.

3. Tag: Zukunft
An die Grenze gehen oder rechtzeitig Unterstützung wählen?
Wie muss ich heute meine Weichen stellen, um zum Wunschbild meines 80. Geburtstags zu kommen?

Beate

Ich traf Beate aus Graubünden, während ich mit einer Gruppe zum Thema »Pilgern zur Neuorientierung in der Lebensmitte« in der Schweiz unterwegs war. Immer wieder kreuzten sich unsere Wege. Sie war Mitte 40 und sah offen gesagt ganz schön fertig aus. Als Kosmetikerin pilgerte sie nie ungeschminkt, aber das Leben ging dennoch zurzeit nicht spurlos an ihr vorüber: müde Gesichtszüge, dicke Augenringe, kaum ein Lächeln. Beate und ihr Mann hatten sich getrennt, nachdem er sie über längere Zeit betrogen hatte. Der gemeinsame Sohn, extrem pubertierend, lebte eigentlich bei ihr, war aber wegen anhaltender Reibereien zu Hause nun zum Vater gezogen. Das machte Beate fertig, und das sah man ihr auch an. Aber an jenem Tag hatte Beate viel vor. Wie wir wollte sie vom Kloster Fischingen startend über das Hörnli und nach dem Berg wieder hinab ins Tal bis zum Zürichsee, bis Rapperswil.

Mittags, als wir uns trafen, war ihr schon klar, dass sie allein nicht bis zu ihrem Ziel kommen würde. Und sie fragte, ob sie in unserer Gesellschaft mitgehen könne. Ein fremder

Mensch in einer festen Pilgergruppe? Pädagogisch gesehen schwierig, aber was ist auf Jakobswegen nicht alles möglich? Wir nahmen Beate also unter unsere Fittiche und sie passte gut in unsere Runde von Menschen, die sich in ähnlichem Alter ebenfalls neu orientieren wollten: Sabrina hatte vor ein paar Jahren ihren Mann verloren, nun waren ihre Kinder aus dem Haus, und auch sie witterte Morgenluft, wollte nach der Trauer nun wieder Leben spüren. Reinhard, Mesner in einer Kirchengemeinde, war froh, dort aufgenommen worden zu sein, weil es ihm gerade erst gelungen war, sich von einer (un-)christlichen Sekte zu lösen. Aber Probleme gab es auch in der Kirchengemeinde, weil die Zusammenarbeit im Team nicht einfach war. Ursula hatte nachhaltig Stress mit ihrer Chefin und versuchte, sich auf neue Stellen zu bewerben, aber es fiel ihr nicht leicht, denn eigentlich mochte sie ihren Job. Helene wurde von ihrer alten Mutter, um die sie sich kümmerte, tyrannisiert und hatte zu Hause auch noch einen Mann, der sich lieber um Modellflugzeuge kümmerte als um seine Frau. Für den Haushalt war sie jedoch gut genug. Helene kochte – vor Wut. Hartmut war kurz vor dem Ruhestand, auf den er sich vorbereiten wollte. Aber sein eigentliches Thema lag tiefer. Wenn er vom Tod seiner Eltern sprach, die kurz nacheinander starben, als er noch ein junger Mann war, sah man, dass seine Augen feucht wurden.

In diese Pilgergesellschaft reihte sich nun die Schweizerin ein und machte sich prächtig. Selbst im seelischen Tief wurde sie zum Sonnenschein der Gruppe, was ihr sichtlich guttat. So schrecklich schien sie doch gar nicht zu sein, dass sich alle von ihr abwenden müssten. Nein, sie war eine prima Frau, sie würde ihren Mann loslassen können, ihren Sohn sicher auch irgendwann, und schaffte wie wir alle die ziemlich harte 30 Kilometer-Etappe. Abends stießen wir gemeinsam fröhlich mit einem Pilgergedeck auf den Tag an.

Stein um Stein – sich leicht pilgern
Eine eintägige Pilgerreise, die befreit und zu sich selbst führt

Für Menschen, die einen Schmerz verarbeiten wollen, der nicht allzu tief sitzt, aber dennoch nagt, kann dieser Weg helfen. Ich selbst bin ihn gegangen, um eine unglückliche Verliebtheit hinter mir zu lassen.

An den Tagen vor der beabsichtigten Pilgerreise sammle ich in meinem Alltag oder bei einem Spaziergang 10 Steine. Diese können sehr unterschiedlich sein, klein, groß, hell, dunkel, scharfkantig oder rund. Ich packe sie in meinen Rucksack, in den auch alles Weitere hineinkommt, was ich für einen eintägigen Pilgerweg brauche.

Das Besondere dieses Pilgerweges ist nun, dass er mich nicht von zu Hause aus in Richtung eines Pilgerziels in Form eines Heiligen Ortes bringt. Dieser Pilgertag lebt davon, dass ich ihn in die entgegengesetzte Richtung gehe. Im Idealfall endet er an meiner Haustür.

Unweit meiner Wohnung verläuft ein deutscher Jakobsweg in Richtung Südwesten. Auf diesem bin ich mittlerweile schon einige Male gegangen, auch, als ich das erste Mal in Richtung Santiago aufgebrochen bin.

Heute jedoch soll mich dieser Weg an seinem Ende zur Ruhe, nach Hause führen. Deshalb fahre ich mit der S-Bahn oder einem Bus an jenen Ort, der etwa 20 Kilometer entfernt normalerweise das Ende der ersten Tagesetappe meines Pilgerweges darstellt. Von diesem Ort aus will ich heute nach Hause laufen. Meine Seele soll sich innerhalb dieses Tages freimachen und dann im Vertrauten ankommen. Dort kann ich sie weiter pflegen, mir Gutes tun, mich heilen oder auf Heilung warten, um irgendwann wieder neu aufzubrechen.

Ich steige aus dem Verkehrsmittel und sehe mich um. Diesen Ort kenne ich, weil ich hier bereits oft war. Aber heute breche ich mit meinen Steinen im Gepäck in die entgegengesetzte Richtung auf. Innerlicher Widerstand regt sich, mein Pilgerherz will doch in die Weite, nicht zurück. Aber in diesem Fall gebe ich dem Bedürfnis nicht nach, es ist heute nicht heilsam, mit diesem Schmerz in die Fremde zu gehen, weil ich gar zu verletzlich wäre. Und so gehe ich in die Kirche oder an einen anderen besonderen Platz dieses Ortes, wo ich mich besinne und eine Kerze anzünde, um den Ort wärmer, lebendiger zu machen und mit mir in Verbindung zu bringen. Nun leuchtet hier, am Ort meines Aufbruchs, ein Licht für mich, auch wenn ich auf dem Weg bin. Ich mache mir meinen Schmerz, meine Verletzung bewusst, indem ich dort alle 10 mitgebrachten Steine nacheinander in die Hand nehme und mir und meiner Seele klarmache, diese Schwere nicht mehr in meinem Leben zu wollen. Sodann packe ich alle Steine wieder in meinen Rucksack und breche auf, mache mich auf den Weg zu einem heilsamen Ort: meinem Zuhause.

Nachdem ich mich eingelaufen habe, versuche ich, das Gewicht auf meinem Rücken zu spüren. Die Steine drücken. Ich setze den Rucksack ab und hole einen Stein hervor. Während ich meinen Weg fortsetze, versuche ich, diesen Stein in meiner Hand mit einer besonderen Begebenheit, mit einem schmerzenden Erlebnis, das in konkreter Verbindung zu dem aktuellen Schmerz steht, in Verbindung zu bringen: ein Streit, eine Abwertung, eine Verletzung. Dieses Geschehen meditierend gehe ich weiter. Und schaue in mich hinein, welche Gefühle es auslöst. Welcher konkrete Schmerz steckt dahinter? Was hat mich daran wirklich verletzt? Was hat die andere Person damit zu tun und wo liegt mein Anteil daran? Liegt in diesem Schmerz auch etwas Gutes, hat mich die Erfahrung etwas Wertvolles gelehrt? Ich versuche, mir die unterschiedlichen Facetten meiner Gefühle in Bezug auf diesen konkreten

Punkt zu verdeutlichen und sie noch einmal zu spüren. Nach etwa einer halben Stunde merke ich, dass ich mit diesem Stein, diesem Thema durch bin. Mein vorherrschendes Gefühl ist Wut. Weil ich gerade an einem Fluss entlanglaufe, pfeffere ich den Stein ins Wasser. Es spritzt, platscht, es tut mir gut zu sehen, dass Wellen entstehen, nicht alles ungerührt untergeht. Es tut aber auch gut zu sehen, dass ein paar Augenblicke später alles wieder ruhig geworden ist. Diese Wahrnehmung nehme ich ebenfalls mit, während ich weitergehe.

Ein paar Wegkehren weiter nehme ich den nächsten Stein zur Hand und assoziiere mit ihm wieder eine Verletzung, die mich mit diesem aktuellen Thema verbindet. Diesmal versuche ich über die äußere Beschaffenheit des Steins zu verstehen und zu erfühlen, was diese Verletzung in mir auslöst, vielleicht auch, wo noch etwas ist, was ich klären muss, bevor diese Wunde heilen kann. Zu diesem Stein, zu diesem Punkt passt besser, dass ich ihn vergrabe. Er hat mich nicht wütend gemacht, sondern einfach traurig. Ich werde loslassen müssen, um mich vom Schmerz zu befreien. So lasse ich auch diesen Stein los, vergrabe ihn, habe sogar das Bedürfnis, eine Blume oder ein schönes Blatt auf dieses Steingrab zu legen. Ich weiß, ich kann hierher zurückkehren, wenn es nötig sein sollte.

In gleicher Weise verfahre ich mit den weiteren Steinen: Nach einer Zeit des Gehens ohne Stein in der Hand nehme ich wieder einen weiteren aus dem Rucksack, erspüre und durchdenke die dazugehörende Verletzung oder den Schmerz und suche die jeweils passende Form des Ablegens.

Ich lege einen Stein zu Füßen eines Baumes, weil er gut zwischen die Wurzeln passt.

Ich lege einen Stein bewusst mitten auf den Weg, weil ich will, dass er von vielen Menschen getreten wird.

Ich lege einen Stein zu anderen Steinen, vielleicht stehen auch sie für Verletzungen?

Ich lege einen Stein auf einen Meilenstein, weil sich in dieser Verletzung eine wichtige Erkenntnis verbirgt, die ich mir unbedingt merken will.

Ich werfe einen Stein so weit ich kann in ein Feld, mit diesem will ich nichts mehr zu tun haben. Für jeden Stein finde ich, auf die Gegebenheiten des Weges achtend, einen Platz oder eine Bewegung, die zum jeweiligen Schmerz passen, den ich meditiere.

Einfach folgen

Es fällt mir zunehmend schwerer, jedem Stein eine Verletzung oder einen Schmerz zuzuordnen. Die großen Brocken scheinen abgearbeitet. Ich schaue genauer in mich, finde noch weitere Facetten des Themas, die mich bewegen, die mich schmerzen. Und werde sie wieder los. Schließlich ist nur noch ein Stein im Rucksack. Auch diesen nehme ich in meine Hände und versuche nachzuspüren, ob ich ihn loslassen will oder ob ich ihn mit nach Hause nehme. Denn mit diesem Thema, das ich jetzt behandle, ist noch nicht alles gut. Das kann ein Tag allein nicht richten. Auch wenn ich mich deutlich leichter fühle als heute früh, bin ich nach dieser seelischen Arbeit auf meinem persönlichen Pilgerweg zurück ins normale Leben erschöpft und merke: Nein, vorbei ist das noch nicht. Um mir die Chance zu geben, an diesem letzten Stein weiter zu arbeiten, lege ich ihn an einen sicheren Ort in der Nähe meiner Haustür ab. Mit in meine Wohnung soll er nicht, so viel Distanz möchte ich wahren. Aber ich möchte ihn auch wiederfinden, aufnehmen und weitertragen können, wenn mir danach ist.

Ich verabschiede mich von diesem Stein, vom Weg, verbeuge mich nochmal in die Richtung, aus der ich kam, und öffne meine Haustür. In meiner Wohnung lege ich ab, Rucksack, Wanderstiefel, alles, was ich jetzt nicht mehr brauche. Ich lasse warmes Wasser in meine Badewanne laufen, zünde ein paar Kerzen an, schöne Musik dazu, und lege mich in die Wanne. Für heute ist es gut. Nicht alles ist weg, nicht alles ist geschafft. Aber für den Moment habe ich genug für meine Heilung getan. Ich bin an einem heiligen Ort angekommen: bei mir selbst.

Benjamin

Ich traf Benjamin aus Saarbrücken: schmale Statur, aber groß und drahtig, nachdenklicher Blick, dazu sehr klug und sensibel. Seine Ferse sah furchtbar aus. Er hatte eine riesige Blase mit einem Blasenpflaster abgeklebt, dieses jedoch vor der Zeit wieder abgerissen – und seine Haut darunter gleich mit. Nachdem ich seine Wunde vorsichtig gereinigt und desinfiziert hatte, verband und verklebte ich seine Ferse, denn Benjamin wollte weiter. Der innere Antrieb, seine Fragen, die ihn auf den Weg gebracht hatten, schienen groß, vielleicht wollte er seinem Leid mit dem äußeren Schmerz an seinem Fuß Ausdruck verleihen.

Zwei Tage später traf ich Benjamin wieder, er hatte sich seine Wunde mittlerweile in einer Ambulanz professionell behandeln lassen und quälte sich weiter auf dem Pilgerweg. Im Gehen erzählte er mir von seinem Bruder, der nie für die Familie da war und jetzt im Alter die gemeinsame Mutter unterdrückt. Immer war Benjamin derjenige, der half, wenn es brannte: seinen Eltern, seiner Schwester. Aber er wollte nicht länger der Feuerwehrmann der Familie sein, er musste sich mal um sich selbst kümmern und war deshalb auf dem Weg. Wo ihn jetzt, dank Mobiltelefon, die Nachricht erreichte, dass der psychische Terror der Mutter gegenüber gerade eine neue Eskalationsstufe erreichte. Der Nothelfer Benjamin wäre zu Hause gefragt gewesen. Sollte er abbrechen, sein Pilgern beenden und wieder den Retter spielen? Nein, er grenzte sich ab, schaute auf sich, auf seine eigenen Themen.

In den nächsten Tagen erfuhr ich, dass er weitere Baustellen hatte, die ihn um- und antrieben. Seine Frau, die er spät geheiratet hatte, brauchte viel Stabilität und Struktur, deshalb wollte sie, dass sich im gemeinsamen Leben in der Heimatstadt an der Saar nichts änderte. Benjamin dagegen spürte, dass ihn seine derzeitige berufliche Aufgabe als Teamleiter in einem staatlichen Unternehmen nicht ausfüllte. Was er stattdessen gern tun würde, wusste er selbst noch nicht, aber er spürte, dass er sich in seinem Wesenskern eher im Südosten Deutschlands, vielleicht in München, zu Hause fühlen würde. Für so einen Wandel war in seiner Ehe jedoch kein Platz.

Das Alte hielt ihn noch, die bekannten Rollen, die Aufgaben und Erwartungen. In den nächsten Tagen auf dem Pilgerweg erfuhr er, wie es ist, in der Gegenwart zu sein, sich um sich selbst zu kümmern, Fuß und Seele heil werden zu lassen, Kilometer um Kilometer. Wenn Benjamin nach Hause kommen wird, wird sich einiges ändern. Nicht plötzlich, so schnell lässt sich ein Leben in festen Strukturen nicht umwerfen. Aber Tag für Tag ein wenig, bis letztlich kein Stein mehr auf dem anderen sein wird. Dazu musste Benjamin jedoch noch einige Schritte tun, nicht nur Pilgerschritte. Er sorgte jetzt für sich – nicht nur für andere.

Gehen – trauern – wandeln
Pilgern mit Menschen, die Abschied nehmen

Dieses sechstägige Konzept einer Pilgerreise, das wir beispielsweise auf dem Münchner Jakobsweg umsetzen, richtet sich an Menschen, die jemanden durch den Tod verloren haben. Es gibt weitere wichtige Trauergründe, die ebenso dazu geeignet wären, sie auf einem Pilgerweg zu bearbeiten. Da die Dimension der Trauer bei Verlust durch Tod wegen ihrer Endgültigkeit jedoch besonders ist, haben wir uns entschieden, unser Angebot auf Menschen zuzuschneiden, die den Verlust eines geliebten Menschen zu bewältigen haben. Am häufigsten ist es der Partner oder die Partnerin, die stirbt, was die Menschen dazu bringt, diesen Weg zu wählen. Der Tod eines bereits älteren Elternteils, das oft noch bis zum Lebensende gepflegt wurde, ist ebenfalls eine häufige Motivation. In fast jeder Gruppe von Trauernden, mit denen wir pilgern, gibt es Mütter oder Väter, die den Tod ihres Kindes betrauern. Seltener kommen Menschen mit auf den Weg, die um Bruder oder Schwester, um eine Freundin oder einen Freund trauern.

Allen gemeinsam ist, dass ihr Leben durch den Tod eines geliebten Menschen in eine tiefe Krise geraten ist. Oft haben sie die ersten Monate der Trauer hinter sich, viele organisatorische Dinge sind geregelt, aber das Leben will trotzdem nicht wieder in die alten Bahnen kommen. Die Nahestehenden reagieren verunsichert, können die Atmosphäre der Trauer nicht mehr aushalten. Es kommt zu hilflosen Trostversuchen in Form von Worthülsen: »Das wird schon wieder«, »Das Leben geht weiter«, »Jetzt ist aber auch mal wieder gut, das ist doch schon ein halbes Jahr her«. Häufig steckt hinter solchen Sätzen eine tiefe Kraftlosigkeit, mit Trauer und trauernden Menschen umzugehen. Denn es ist eben noch nicht wieder

Der Trauer Raum geben

gut. Und das wird es auch nicht wieder – jedenfalls nicht wie vorher.

Es geht darum, das Gefühl von Trauer als ein wertvolles, ein für den Menschen lebenswichtiges Gefühl anzuerkennen und schließlich als wichtige Energie in das Leben zu integrieren. Allen Menschen, die um einen sehr nahen, geliebten Menschen trauern, ist tief im Herzen klar: Diese Trauer werden sie nicht wieder los, sie wird sie ein Leben lang begleiten. Was ist also zu tun?

Nach einigen Monaten, manchmal auch Jahren ist die Trauer, die im normalen Umfeld keine Resonanz mehr gefunden hat, verkrustet. Sie lähmt, müsste in eine neue Phase kommen, gewandelt werden. Viele Trauernde ahnen, dass körperliche Bewegung, Natur und der Austausch mit Menschen, die die Lage verstehen, weil sie sie selbst erleben, helfen könnte. Manche haben schon vom Pilgern und dem Jakobsweg gehört, einige haben sogar schon eine Beziehung dazu entwickelt, weil sie sich beispielsweise mit dem Gedanken trugen, mit dem geliebten Menschen diesen Weg zu gehen.

Viele haben jedoch keine Wander- oder Pilgererfahrung. Sie wissen sich in ihrer Situation nicht mehr zu helfen, die Decke fällt ihnen auf den Kopf, die Gespräche im bekannten Umfeld sind alle schon geführt. Man hat jedoch von diesem Jakobsweg gehört, auf dem sich Menschen in unterschiedlichsten Lebensumbrüchen treffen und zu neuer Lebensenergie finden.

Sehr Mutige trauen sich allein auf den Weg, reisen nach Frankreich oder Spanien und erleben tatsächlich, dass sie auf dem Jakobsweg in eine andere Welt geraten. Viele kommen auf eine besondere Weise getröstet zurück. Andere stoßen auf ein Angebot, das zum Pilgern auf Jakobswegen in Deutschland, seltener auch auf anderen Wander- oder Pilgerwegen einladen. Oft handelt es sich um ein- oder mehrtägige Wanderungen oder Pilgerreisen, bei denen das Thema »Trauer« mehr oder weniger intensiv behandelt wird.

Gemeinsam mit meinem Kollegen und Freund Tobias Rilling habe ich ein sechstägiges Angebot entwickelt, das versucht, die verschiedenen, oft heilsamen Elemente zusammenzubringen: Pilgern auf dem Jakobsweg, gemeinsam mit anderen Trauernden, begleitet von ausgebildeten Trauer- und Pilgerbegleiterinnen und -begleitern, in unserem Fall ein vierköpfiges, gemischtgeschlechtliches Team für maximal 13 Trauernde.

Zunächst richtete sich das Angebot an Menschen in und um München, wir wollten möglichst wohnortsnah, also an dem Ort, an dem die Trauer (fest-)sitzt, mit unserer Pilgerreise beginnen. Die Rahmenbedingungen sollten jedoch so sein, wie sie Pilgerinnen und Pilger in Spanien auch erleben: Wegetappen zwischen 22 und 28 Kilometern, schlafen in Mehrbettzimmern in einfachen Unterkünften, das eigene Gepäck selbst tragend. Es ist Teil des Konzepts, dass sich Menschen aus ihrer Komfortzone bewegen müssen, um etwas in ihrem Wandlungsprozess in Gang zu bringen.

Ich beschreibe das Konzept hier bewusst als Gruppenreise, da der Austausch unter Menschen, die alle eine einschneidende Trauererfahrung gemacht haben, ein wichtiger Aspekt dieser Reise ist. Selbstverständlich kann man den inneren Weg auch gehen, wenn man sich allein auf den Weg macht.

Zunächst wurde diese Reise auf einem ganz konkreten Weg, eben auf den ersten 5 Etappen des Münchner Jakobsweges entwickelt und auf die dortigen Begebenheiten zugeschnitten. Das heißt jedoch nicht, dass man für sich und eventuell seine Gruppe nicht auch einen anderen Weg wählen könnte. Inzwischen bieten wir »gehen – trauern – wandeln« ebenfalls auf andere Wege adaptiert an. Um jedoch das Zusammenspiel zwischen Weg und innerem Geschehen deutlich werden zu lassen, halte ich mich bei der folgenden Beschreibung an die Etappen des Münchner Jakobsweges.

Der äußere Weg

Viele Pilgerinnen und Pilger werden von einem Weg, der am ersten Tag mit 23 Kilometern beginnt, schon ganz schön herausgefordert. Abends tun Füße und Beine, Muskeln und Gelenke, Rücken und Schultern weh. Vielleicht haben einige erste Blasen an den Füßen. Die Mitreisenden ahnen: Das wird kein Zuckerschlecken.

Der zweite Tag bietet mit 28 Kilometern sogar eine deutliche Steigerung und beginnt auch noch mit einem 15-minütigen steilen Anstieg, der auf die Herausforderungen des Tages einstimmt. Am Ende dieser Tagesetappe wartet erneut ein steiler Anstieg zum Kloster Andechs, wo die Pilger und Pilgerinnen im für sie ausgebauten Otmarspeicher im dritten Stock untergebracht sind. Hier erfahren die Wandelnden Einfachheit im Originalpilgerstil. Direkt unter dem Dach stehen auf rohem Dielenboden jeweils vier durchgelegene Betten mit durchge-

Geteiltes Leid ist nicht halb – aber dennoch leichter

legenen Rosten, darauf einfache Matratzen mit zum Teil zerschlissener Bettwäsche. Für alle gemeinsam gibt es einen Garderobenständer und zwei Duschen. Irgendwie schafft es dann doch jeder, ein Bett zu finden, sich und das eine oder andere Stück Kleidung zu waschen und dann in den Klostergasthof zu kommen.

Bei deftiger Speise und Klosterbier kehrt ein Teil der Lebensgeister wieder, aber die meisten haben auch erlebt, dass sie an eine Grenze gestoßen sind, mit allen Sorgen und Bedenken: Ich schaffe das nicht, wie soll das weitergehen? Hier wird der Weg wieder zum Spiegel für die eigene Lebenssituation. Denn auch der Tod hat die Menschen an diese Grenze gebracht. Nachdem der geliebte Mensch gestorben war, waren die meisten von den gleichen Fragen erfüllt: Wie soll es nun weitergehen? Ich kann nicht mehr!

Auf dem Weg machen die Pilgernden nun die Erfahrung, dass die Nacht Heilung bringt, dass sie am nächsten Tag vielleicht nicht ganz schmerzfrei, aber doch erfrischt weitergehen können. Eine ebenso überraschende Erfahrung wie auch jene, dass am nächsten Tag womöglich eine ganz andere Stelle am Körper schmerzt. Ich sage in solchen Fällen gern: »Du musst deinem Körper die Chance geben, immer wieder an einer anderen Stelle wehzutun.«

Weil der Weg uns nun an den Ammersee führt, lockt die Versuchung, statt den See zu Fuß zu umgehen, lieber die Schifffahrtslinien zu nutzen.

Auch auf anderen Wegen taucht immer wieder das Thema auf: Können wir nicht auf öffentliche Verkehrsmittel zurückgreifen? Das ist in Notfällen sicher eine gute Idee, aber man sollte auch bedenken: Gerade in dieser Phase der Pilgerreise erfährt der Körper, dass es sich mit der außergewöhnlichen Herausforderung nicht um etwas schnell Vorübergehendes handelt. Oder anders ausgedrückt: Am ersten Tag »denkt« der Körper: Na gut, das war heute eine besondere Tour, jetzt ist Ruhe und Erholung dran – wie oft nach einer eintägigen Wanderung. Am zweiten Tag erfährt der Körper, dass man es wohl doch ernst meint und er mit Grenzen zu tun bekommt. Wenn man nun am dritten Tag das Schiff (den Bus, den Zug, das Taxi) nimmt, sendet man ein täuschendes Signal, dass das alles doch nicht so gemeint war. Aber nein, gerade jetzt ist es wichtig, die Erfahrung zu machen, dass die Grenze nicht das Ende ist, sondern dass man es aus eigener Kraft schafft, weiterzugehen. Das steht im Zentrum: Ich dachte, es würde nicht mehr weitergehen. Und nun erlebe ich, es geht am nächsten Tag doch weiter. Und am übernächsten Tag auch. Und auch am überübernächsten. Das ist keine verkopfte Vertröstung, sondern eine echte, durchlebte körperliche Erfahrung: Es geht weiter!

Der dritte Tag auf diesem Weg ist mit ebenfalls rund 27 Kilometern ein relativ langer, aber es gibt gerade auf dem letzten Stück der Etappe dann doch noch die Alternative, Entlastung zu schaffen und ein Stück mit dem Zug zu fahren. Jenen flotten und fitten Pilgerinnen und Pilgern, die sonst eher das Tempo der langsameren mitgehen bzw. warten müssen, bieten wir hier 7 Kilometer »Power-Pilgern« an, also mal richtig durchziehen, schnell wandern, sodass die Puste fast wegbleibt und die etwas langweilige Strecke zwischen See und Bahntrasse in etwa einer Stunde bewältigt wird.

Der vierte Tag wird mit seinen 22 Kilometern von vielen als Erholungstag wahrgenommen. Andere sind jedoch überrascht, hatten sie doch erwartet, dass die kürzere Etappe wesentlich leichter zu bewältigen sein würde – und sich getäuscht. Je nach körperlicher und seelischer Verfassung kann auch ein kürzerer Tag schwer werden, vielleicht weil man ihn in der trügerischen Erwartung angegangen ist, er wäre leicht zu bewältigen, weil er kürzer ist.

Der letzte Tag auf dem Weg bietet hingegen nochmal zwei Herausforderungen für jede Einzelne, jeden Einzelnen und die Gruppe. Nach etwa 10 Kilometern führt der Weg entweder über den Hohen Peißenberg oder durch die Ortschaft Hohenpeißenberg um den Berg herum. Man kann und muss sich also entscheiden, den schönen Wallfahrtsberg mit seiner weiten Aussicht zu erklimmen oder die entspannte, aber etwas langweilige Straßenvariante zu wählen. Beide Entscheidungen können wichtig sein, es geht darum, eine ganz persönliche Wahl zu treffen.

Bei entsprechender Witterung wartet am selben Tag noch die Ammerschlucht: ein Weg mit einigen hundert Stufen auf- und abwärts. Auf zum Teil rutschigen Planken und Brückchen geht es immer an der Schlucht, die die Ammer gegraben hat, entlang. Auf diesem Wegstück muss die Gruppe zusammenbleiben und zusammenhalten. Vorsichtig gehen, auf sich und andere achtgeben ist die Aufgabe dieses Wegstücks. Wenn alle auf dem steilen Weg aus der Schlucht wieder auf normalen Strecken unterwegs sind, macht sich eine große Erleichterung breit: Ich persönlich habe, gemeinsam mit anderen, auch dieses zum Teil sogar gefährliche Wegstück bewältigt.

Im Kloster Rottenbuch angekommen, reisen wir nicht direkt zurück, sondern würdigen das Ziel unserer Pilgerreise. Erst am nächsten Tag geht es mit Bus und Bahn an den Ausgangspunkt zurück nach München, wo es darum geht, die Pilgerreise ohne Eile persönlich zu beenden. Hier wartet die Aufgabe, verändert und verwandelt wieder in den Alltag einzutauchen.

Der innere Weg

Nach der Aussendung, die dankenswerterweise von den Armen Schulschwestern des Klosters St. Jakob am Anger gestaltet wird, brechen wir auf und wandern direkt zur Isar, wo wir auf das erste Muschelschild stoßen, das deutlich macht, dass wir uns auf dem Jakobsweg befinden. Wir sind nicht nur spirituell in die Tradition eingebunden, sondern nehmen nun auch den Weg war: Die stilisierte Muschel weist nach Santiago de Compostela, das man von hier nach etwa 2600 Kilometern erreicht haben kann – bei mir selbst waren es 111 Tage, die ich benötigte, um von München nach Santiago zu gelangen. Wir erklären auch, wie die Muschel gleichzeitig als wegweisender Pfeil dient, weil die sich in einem Punkt bündelnden Strahlen die Richtung angeben. Gleichzeitig vergegenwärtigen wir uns, dass dieser Weg 2003 rekonstruiert wurde, dass aber schon Pilger vor tausend Jahren auf diesem Weg gegangen sind, was unter anderem deshalb vermutet wird, weil sich immer in etwa einer Tagesetappe Abstand ein Kloster befindet, dessen Bewohner den Pilgernden Versorgung, Pflege und Schutz angedeihen ließen.

Bewusst gehen wir hier streng am beschilderten Weg entlang. Manche, die sich vor Ort auskennen, fragen, weshalb wir nicht einen schöneren Weg an der Isar entlang nehmen können. Aber es geht in dieser Phase des Pilgerns nicht darum, die schönste Wegvariante zu wählen, sondern sich mit dem Weg zu verbinden und ihn zunächst so anzunehmen, wie er ist. Auf diese Weise kann er auch besser auf uns Pilgerinnen und Pilger einwirken. Tatsächlich sprechen aber auf diesem geraden Wegstück unter Bäumen vor allem die Trauernden miteinander und mit uns, den ausgebildeten Begleiterinnen und Begleitern. Oft werden hier bereits Lebens- und Todesgeschichten ausgetauscht, da die Menschen das Gefühl haben, endlich wieder einmal jemanden gefunden zu haben, dem man seine Trauersituation schildern kann. Das Gute daran: Man weiß, dass man verstanden wird, weil alle hier eine ähnliche Geschichte mitbringen, alle einen geliebten Menschen durch den Tod verloren haben. Man fühlt sich weniger mit seinen Erfahrungen allein, wie es oft zu Hause der Fall ist, weil das gewohnte Umfeld vielleicht nicht mehr die Geduld hat, aufmerksam zuzuhören. So lassen sich im Prinzip die nächsten fünf Tage füllen: Man kann, wenn man möchte, 16 anderen Menschen (12 anderen Trauernden und 4 Pilger-/ Trauerbegleiterinnen) von seiner Trauer erzählen.

Nach der ersten Pause (in der von uns aktiv Tape-Verpflasterung zur Blasenprophylaxe angeboten wird) stehen wir an der Isar. Hier erinnern wir an die alte Pilgertradition, einen Stein, der für das Schwere und Belastende im Leben steht, von zu Hause mitzunehmen. Millionen von Pilgern und Pilgerinnen haben ihren Stein von daheim zum *Cruz de Ferro* (am *Camino Francés* etwa 230 Kilometer vor Santiago) getragen. Mit dieser alten Pilgertradition verbinden wir uns und suchen jeweils einen Stein im Kiesbett der Isar oder lassen uns von einem Stein finden. Wir regen an, dass jede und jeder Trauernde allein bis zur nächsten Brücke geht, um sich konzentriert dieser Aufgabe widmen zu können.

Meinen Stein suchen, mich von ihm finden lassen

An der Brücke Maria Einsiedeln kommen wir wieder zusammen, jeder und jede nun mit einem Stein sehr unterschiedlicher Größe und Beschaffenheit. Wir bilden vor jener christlichen Einsiedelei, an der Menschen für ihre Anliegen Kerzen entzünden, einen Kreis und lassen die Steine reihum wandern. Man hat jeden Stein einen Moment in der Hand, bekommt einige Augenblicke später von einer Seite einen neuen Stein gereicht und gibt einen zur anderen Seite weiter. Auf diese Weise bekommen wir, ohne zu sprechen, eine Ahnung von der Schwere, die jede und jeder mitträgt. Und wir haben eine gemeinschaftliche Ebene der Gruppe gefunden, denn nun hat jede und jeder mal die Last der anderen mitgetragen. Ich weiß als trauernder Mensch nun, dass ich mit meiner Schwere nicht allein bin. Ich muss zwar meine Last tragen, aber die Weggefährten wissen auf einer tieferen Ebene um meine Schwere.

Wir regen an, auf dem nächsten Wegstück zu zweit zu gehen und sich gegenseitig von seinem Stein zu erzählen. Dabei kann man mehr auf der Oberfläche und Symbolebene bleiben und über Form, Farbe, Gewicht, Oberfläche, Besonderheiten der Beschaffenheit wie Einschlüsse oder Abbrüche sprechen. Wer sich traut, kann jedoch auch davon erzählen, weshalb man gerade diesen Stein gefunden hat und wodurch die Eigenschaften des Steins ein Spiegel zur eigenen Schwere, vielleicht auch Trauer bilden.

Schon zu diesem Zeitpunkt weisen wir darauf hin, dass mit diesem Stein, nachdem man ihn ein paar Tage getragen hat, etwas passieren muss: Vielleicht findet man am Weg einen Platz, an dem man den Stein lassen kann. Oder man lässt ihn am Ziel, am Kloster Rottenbuch, an einer besonderen Stelle liegen, um ihn bei einer etwaigen Fortsetzung des Weges dort wieder aufnehmen zu können. Manche nehmen den Stein lieber mit nach Hause, wo er einen besonderen Platz findet. Andere bringen ihn zum Grab des Verstorbenen. Und einige behalten den Stein, bis sie irgendwann tatsächlich zum *Cruz de Ferro* in Spanien kommen, um ihn dort zu den Tausenden anderen belastenden Steinen zu legen. In jedem Fall ist es wichtig, die Last eine Zeitlang körperlich spürbar zu tragen – und sie dann wieder abzulegen, um auch die seelische Entlastung zu erfahren.

Daneben planen wir am ersten Tag keine weiteren Impulse für den Weg. Es soll ausreichend Zeit sein, sich auszutauschen, sich an die ungewohnte Belastung zu gewöhnen, auf den Körper zu achten. Bei der Ankunft im Kloster Schäftlarn gehen wir zuerst in die Klosterkirche, um das spirituelle Ziel des ersten Tages zu würdigen. An der Klosterpforte wird der am Morgen bei der Aussendung überreichte Pilgerausweis mit seinem ersten Stempel versehen.

Nach Zimmerverteilung, Dusche und Körperpflege wird im Klosterbräustüberl ordentlich gespeist und getrunken. Die Wirtin und ihr Personal haben glücklicherweise ein großes Herz für Pilgernde und sind sehr um deren Wohlergehen besorgt. Im Nebenzimmer brauchen wir dann Zeit und Ruhe für die allabendliche Austauschrunde. Wichtig ist in dieser Runde, sowohl von seinem Körper, der eine außergewöhnliche Leistung vollbracht hat, als auch von seinem inneren Prozess zu erzählen, in diesem Fall über die Trauer zu sprechen. Dass dabei oft Tränen fließen dürfen, ist wichtig, es geht ja darum, nah an seinen Gefühlen zu sein. Gelebte und gezeigte Trauer verhindert, sie herunterzuschlucken und daran krank zu werden. Oft sind die Teilnehmenden nicht gewohnt, dass diese Tränen sein dürfen und willkommen sind, weil sie in ihrem Umfeld anderes erfahren haben.

Die Runde wird mit abschließenden Worten zum Gesagten beschlossen. Es folgen der Blick auf den nächsten Tag und ein gutes Wort, vielleicht ein Abendsegen. So bereichert und ziemlich erschöpft verkriechen sich die Pilgerinnen und Pilger bald in ihre Betten, während das Begleitungsteam an diesem wie an jedem folgenden Tag noch das Tagesgeschehen reflektiert und einen planenden Blick auf den nächsten Tag wirft.

Der zweite Tag muss früh beginnen, es hat sich bewährt, zwischen dem Zeitpunkt, zu dem das Frühstück eingenommen werden kann, und dem Aufbruchszeitpunkt eine Stunde Zeit einzuplanen.

Spielt das Wetter mit, wählen wir als Ort für das gute Wort zum Tag den schönen Prälatengarten des Klosters. In dieser besonderen Atmosphäre wird die Seele für die bevorstehenden Strapazen durch gepflegte Umgebung und Morgensegen gestärkt. Danach gehen wir im Schweigen in den Tag, der steile Anstieg nach Hohenschäftlarn erlaubt ohnehin kein Gespräch. Auf der Höhe angekommen, ist dann auch wieder Austausch möglich. Nach einer knappen Stunde erreichen wir eine kleine Jakobuskapelle. Dort kann eine Kerze angezündet werden, es liegen kleine Muscheln zum Mitnehmen bereit.

Neben der Kapelle musste eine riesige uralte Buche aus Sicherheitsgründen gefällt werden. Sie war von Pilz befallen, ein abgebrochener Ast zerstörte bereits das Dach der Kapelle. Wir sehen uns den verbliebenen Stumpf an, der Baum ist aus dem Leben gerissen. Man sieht die Schnittstelle, der Tod hat Spuren hinterlassen. Diese Erfahrung haben alle Mitpilgernden gemacht.

In der Kapelle hängt in einem Bilderrahmen der spirituelle Text »Spuren im Sand«, in dem es darum geht, dass Gott den Menschen begleitet und besonders dann trägt, wenn er eine schwierige Zeit erlebt. Diesen Text lesen wir laut vor, während wir um den gewaltigen Baumstumpf stehen. Die nachfolgenden Gespräche auf dem Weg haben oft eine besondere Qualität, weil viele emotional berührt sind.

Das eigene Tempo finden

Von Anfang an ist es uns bei dieser Reise wichtig, dass die Pilger und Pilgerinnen ihr möglichst eigenes Tempo finden. Denn das Leben hat sie aus dem Tritt gebracht, es ist bedeutsam, wieder zu sich selbst und zum eigenen Rhythmus zu finden. Dennoch muss bei einer Gruppenpilgerreise natürlich immer wieder aufeinander geachtet und Rücksicht genommen werden. Am Nachmittag des zweiten Tages jedoch ist ein sogenanntes Solo geplant: Vom Maisinger Weiher aus geht jede Pilgerin, jeder Pilger allein, etwa im Abstand von 100 Metern, eine Dreiviertelstunde in den nächsten Ort, nach Aschering. Auf diesem Wegstück geht es darum, völlig unbeeinflusst von den anderen auf sich selbst und das eigene Gehen zu achten. Trauernde wissen, dass es immer wieder Zeiten des Alleinseins gibt. Nun kann man erfahren, dass man vom Weg, von den Mitpilgernden auch getragen wird, wenn man mit Abstand zu ihnen geht. An der Kirche in Aschering kommen alle wieder zusammen und bewältigen das letzte Stück zum Kloster Andechs gemeinsam.

Am dritten Morgen kommen die hoffentlich von der Nacht erfrischten und gestärkten Pilgerinnen und Pilger an der Klosterpforte zusammen und betreten zum spirituellen Tagesbeginn die Klosterkirche. Ein paar kunsthistorische Informationen, die eine Beziehung zu diesem besonderen Ort herstellen, können hier angebracht sein. Bei entsprechender Gruppenstimmung gehen wir auf die Kirchenbemalung über dem Eingang der Klosterkirche ein, die an den Tod und die Unverfügbarkeit der Zeit und des Lebens erinnert. Nun leitet wieder ein gutes Wort oder ein Morgensegen den Aufbruch ein. Die erste Dreiviertelstunde des Tages gehen wir im Schweigen durch das Kiental nach Herrsching. Die Eindrücke der letzten Tage und des Morgens können gut nachschwingen.

Ab der Mariensäule in Herrsching ist wieder gemeinschaftlicher Austausch möglich.

Etwa zwei Stunden später wartet in Breitbrunn eine moderne, ungewöhnlich gestaltete Kirche in Form eines großen Zeltes auf uns und gewährt Zuflucht und Rastplatz. Damit bietet sie ein modernes Pendant zur alten romanischen Jakobskirche am Westufer des Ammersees, die wir am Nachmittag ansteuern. Beide Kirchenräume werden in ihrer Unterschiedlichkeit gewürdigt, vielleicht wird auch ein Lied angestimmt, Stille kann wirken.

Um das Tagesziel zu erreichen, müssen noch 7 Kilometer bewältigt werden – entweder im normalen Tempo oder in der bereits beschriebenen Variante des »Power-Pilgerns«. Nach dem Abendessen ist wieder die tägliche Abendrunde dran, in der die körperlichen und seelischen Befindlichkeiten thematisiert werden.

Der vierte Morgen beginnt mit einer Meditation – im Foyerboden unserer Unterkunft ist ein Labyrinth eingelassen. Das Besondere daran im Gegensatz zum Irrgarten: Es gibt in einem Labyrinth nur einen einzigen Weg, der in weiten Bögen letztlich zum Ziel führt. Manchmal wähnt man sich bereits nahe dran und muss nochmal weite Umwege gehen. Mit Vertrauen und Durchhaltevermögen führt der Weg jedoch zum Ziel. Wie sehe ich meinen Weg durch das Leben, durch die Trauererfahrung? Ist es ein Irrgarten oder ein Labyrinth? In welcher Phase meines Weges befinde ich mich? Mit diesen Gedanken machen wir uns – die erste halbe Stunde bis zur nächsten Kirche schweigend – auf den Weg.

In Dießen lassen wir uns auf das prächtig barocke Marienmünster ein und versuchen uns in Pilgernde des Mittelalters hineinzuversetzen, die, aus einfacher Welt kommend, plötzlich auf ihrem Weg in solch prächtigen Gotteshäusern stehen.

Dass sie auf diese Weise das Gefühl hatten, ein Stück Himmel zu erleben, wird dann offensichtlich.

Auf dem weiteren Weg passieren wir die Mechthildisquelle. Ihr Wasser soll bei Augenleiden helfen. Wenn man in unserer Situation seine Augen benetzt, sieht man dann in der eigenen Trauerphase klarer? Weite Wege über Felder und durch Wälder laden wieder zum Austausch darüber ein.

Weil der heutige Tag kilometermäßig kürzer ist, besteht die Möglichkeit, sich den örtlichen Sehenswürdigkeiten zu widmen: In Wessobrunn gibt es die Tassilolinde und das Kloster mit seinen Stuckkunstwerken zu besichtigen.

Der letzte Tag auf dem Weg, an dem die Pilgerinnen und Pilger schon wieder daran denken sollen, sich langsam aus dem Gruppengeschehen zu verabschieden, beginnt mit einem Ab- und Aufstieg, die Höhen und Tiefen des Lebens repräsentierend.

Der erste Pausenplatz an der Kirche St. Leonhard am Forst konfrontiert sehr unmittelbar mit Trauer, weil um die Kirche ein Friedhof liegt. Wir kommen dem Thema nicht aus, wollen es auch nicht, da der Tod unser Leben ohnehin durchdringt.

Etwas später steht mal wieder ein Solo an: Die Pilger und Pilgerinnen laufen bei klarer Wegführung allein durch Wald und Feld. Es ist eine Übung, die auf das Alleinsein

Solo – Vorbereitung auf die eigenen Wege im Alltag

im Alltag vorbereiten will, denn schon am nächsten Tag wird jede und jeder wieder eigene Wege gehen.

Nachmittags regen wir eine weitere Geh- und Wahrnehmungsübung an: Die Pilgerinnen und Pilger stellen sich dem Alter nach in einer Reihe auf, die ältesten vorn, dann immer jünger werdend. Vorn und hinten gehen Pilgerbegleiter. Nun wandert die ganze Gruppe im Gänsemarsch weiter, dabei muss sie sich nochmal ganz aufeinander einlassen und aufeinander achtgeben. Auch in der Nähe den richtigen Abstand zu finden, sich einer Geschwindigkeit anzupassen, die nicht unbedingt die eigene ist, das sind Übungen, die schon wieder in den Alltag nach dem Pilgern hinüberweisen. Am Ende der Übung stellen sich alle im Kreis auf, jede und jeder nennt zwei Adjektive, die umschreiben, wie er oder sie sich während des Erlebnisses gefühlt hat. So ist man angehalten, seine Wahrnehmung auszudrücken und erfährt gleichzeitig, wie vielfältig die Wahrnehmungen der anderen sind. Gleichzeitig bereitet die Übung auch auf den Gang durch die Ammerschlucht vor, der aus Sicherheitsgründen nur gemeinsam bewältigt wird.

Nach der Schlucht ist das Ziel der Reise, das Kloster Rottenbuch, nicht mehr fern. Mit einem Hochgefühl, aber auch ganz schön erschöpft von den Herausforderungen des Tages laufen wir im Ziel ein. Weil die Kirche als Zielort in diesem Moment wegen der allgemeinen Erschöpfung gar nicht angemessen wahrgenommen werden kann, gehen wir erst am nächsten Morgen an diesen heiligen Ort, dem Ziel unserer Pilgerreise.

Am Abend haben wir noch einiges vor: Nach der Dusche und dem Abendessen kommen wir zur Abschlussrunde zusammen. Zunächst wird der gerade bewältigte Tag gewürdigt. In einer zweiten Runde soll nochmal an die ganze Reise erinnert werden. Wir gehen in Gedanken alle fünf Tage durch

Es wird nicht dunkel bleiben

(die uns meist vorkommen, als wären es 10 gewesen). Dann nimmt jede und jeder aus einer Jakobsmuschel eine Perle und sagt allen, was ihm oder ihr auf diesem Weg zur besonderen Perle geworden ist. Das symbolische Bild, dass wir alle schmerzhafte Zeiten auf dem Weg (und im Leben) zu bewältigen haben und manche davon letztlich zu wertvollen Erfahrungen werden, wollen wir gern nutzen. So nimmt jede und jeder Erfahrungsschätze von der Pilgerreise mit, die Perle kann im Alltag daran erinnern.

Am nächsten Morgen nehmen wir uns noch einmal Zeit, gut ausgeruht die Klosterkirche wahrzunehmen. An diesem ruhigen Platz, diesem besonderen – heiligen – Ort, nehmen wir auch Abschied vom Weg und von uns als Gruppe. Dazu gehören Worte des Dankes, stärkende Worte für die Zeit nach dem Pilgern und ein Segenslied. Denn nun beginnt die Phase der Heimreise, die zunächst im Bus und mit der Bahn zusammen begangen wird. Oft fahren nicht alle bis zum Münchner

Hauptbahnhof zurück, einige müssen früher aussteigen und werden entsprechend verabschiedet. Am Bahnhof geht jede und jeder wieder eigene Wege und gestaltet den persönlichen Weg nach Hause. Eine gute Idee ist, einen Teil dieses Weges zu Fuß zurückzulegen, um sich Zeit für das Ankommen zu nehmen. Nach fünf Tagen des Laufens tut es dem Körper gut, noch ein paar Schritte zu gehen, bevor man wieder in die vertraute und nun dennoch veränderte Welt zu Hause eintaucht.

Jonas

Ich traf einen Pilger in Flipflops. Dazu trug er dicke Tennissocken, stakste mit Teleskopstöcken den staubigen und steinigen Weg entlang. Ich kam mit Jonas, einem hageren Endzwanziger mit modischer Brille, der gerade in Hamburg sein BWL-Studium abgeschlossen hatte, ins Gespräch. Erzählte, dass ich in Deutschland manchmal auch mit Trauernden auf den Jakobsweg gehe, also mit Menschen, die jemanden durch den Tod verloren haben. Er stutzte – da könne er mir auch mal etwas erzählen. Aber jetzt müsse er erst eine Pause einlegen, das Gehen in Flipflops sei doch nicht so komfortabel. Warum er das denn tue, fragte ich, an Pilger des Mittelalters denkend, die ihren Weg um der Sühne willen besonders schmerzvoll gestalteten. Nein, nein, das sei nicht seine Motivation, seine Wanderstiefel hätten sich nur als zu klein erwiesen und jetzt probiere er es eben mit mehr Fußfreiheit, zwinkerte er. Und blieb in der nächsten Bar bei einer Cola hängen.

Ob ich den wiedersehe? Besonders flott ist er ja nicht unterwegs, dachte ich bei mir. Am nächsten Morgen brach ich gerade vom Frühstück in den Nebel auf, als ich Stöcke hinter mir hörte: Jonas. Er mühte sich, mich einzuholen. Ich hätte da doch gestern etwas von Pilgern mit Trauernden gesagt, meinte er. Seine Mutter sei auch früh verstorben. Und so erzählte mir Jonas seine Geschichte. Wie er mit 14 einen Anruf in der Schule bekam, er möge doch ins Krankenhaus fahren, seiner Mutter sei etwas zugestoßen. Dort angekommen, bereitete ihn niemand angemessen vor auf das, was er gleich erleben würde: Jonas traf seine Mutter nur noch von Maschinen am Leben erhalten an. Er verfiel in Schockstarre, brachte es nicht fertig, sich der Sterbenden zu nähern, sich zu verabschieden.

Nach dem in einer Patientenverfügung bekundeten Willen der selbstbewussten, ja herrischen Mutter wurden die Geräte bald abgestellt. Noch immer warf sich Jonas vor, dass er sich in dieser Situation nicht so verhalten hatte, wie er glaubte, dass seine Mutter es erwartet hätte: Sie hätte sich einen Sohn gewünscht, der damit kontrolliert und souverän umgehen kann, fantasierte er. Seit 10 Jahren schleppte der junge Pilger dieses Schuldgefühl mit sich herum, damals wie heute von dem überforderten Rest der Familie – ein Vater, der schon lange von der Mutter getrennt war, und ein Stiefvater, der jetzt Witwer ist und eigentlich auch nichts mit dem von der Mutter in die Beziehung mitgebrachten Kind wissen will – alleingelassen.

Ich fragte ihn, wo seine Mutter in seiner Vorstellung jetzt sei. Darauf hatte er keine Antwort, schaute nach oben, die Schultern zuckten. »Stell' dir vor, Jonas, wenn deine Mutter wirklich dort oben ist, wie würde sie dich jetzt sehen? Glaubst du, sie wäre immer noch enttäuscht?«, fragte ich. Er blieb stehen, hatte feuchte Augen, schüttelte den Kopf. Nein, wenn seine Mutter ihn jetzt sehen könnte, wäre sie nicht enttäuscht, sie würde ihn liebevoll ansehen und wäre vielleicht auch stolz, dass er das alles doch irgendwie gut schafft.

Sich in Flipflops dem Leben entgegenstemmen

Ich habe Jonas bald aus den Augen verloren. Aber ich hörte über *Radio Camino,* wie die gut funktionierende Flüsterpost unter Pilgernden scherzhaft genannt wird, dass er sich bis zum Schluss keine neuen Wanderstiefel gekauft hat, sondern in Flipflops bis nach Santiago de Compostela und Finisterre gepilgert ist.

Mitten im Leben –
biografisches Dekadepilgern

Eine neuntägige Pilgerreise für Menschen, die ihr Leben ordnen möchten: sich an Vergangenes erinnern, es würdigen, aufräumen. Spüren, wo man jetzt steht, mitten im Leben. Und nach vorn schauen, um sich auf das Ungewisse vorzubereiten.

Für diese Pilgerreise benötigt man einen Weg, der sich im Idealfall über 8 bis 9 Tage erstreckt. Jeder dieser Tage wird einer Lebensdekade gewidmet. So geht man also an diesen Tagen durch sein ganzes Leben: Bei den Dekaden, die man bereits erlebt hat, blickt man zurück, bei jenen, die in der Zukunft liegen, schaut man voraus. Am ersten Tag ist also die Zeit zwischen 0 und 10 Jahren dran, am zweiten die Jahre zwischen 11 und 20, am dritten zwischen 21 und 30. So geht es weiter bis zum achten oder neunten Tag, der die Zeit zwischen 71 und 80 sowie zwischen 81 und 90 behandelt. Ich achte am jeweiligen Tag besonders darauf, welche Impulse der Weg anbietet, um in die jeweilige Zeit zu reisen.

Am ersten Tag, jenen von der frühen Kindheit bis zum Ende der Grundschulzeit, geht die Reise los. Ich suche mir für meinen Weg eine Startsituation, die von der Dunkelheit ins Licht führt. Also beispielsweise starte ich in einem Kirchenraum, den ich ins helle Tageslicht verlasse. Oder ich beginne die Reise unter einem Baum mit bergenden Ästen. Es ist gut, einen Ort zu wählen, an dem ich mich wohlfühle, denn er soll den Leib meiner Mutter symbolisieren, in dem ich mich vor meiner Geburt befinde. Ich versuche, dieser Zeit der Geborgenheit nachzuspüren. Ich sehe mich um, schaue, wo ich mich an diesem Ort besonders wohlfühle, versuche mich in jene Zeit hineinzuversetzen. Wohlig fühlt es sich an. Aber ich weiß, ich kann hier nicht bleiben. Und es lockt ja auch der Pilgerweg, der nun angegangen werden möchte. Ganz bewusst trete ich also von der Dunkelheit ins Licht. An diesem Übergang bin ich ganz empfindsam und vertraue meinem Körper, dass er die richtige Geste, die passende Körperhaltung für mein Eintreten in die Welt findet. Begrüße ich die Helligkeit, die Welt und den Weg mit weit geöffneten Armen? Oder schaue ich zunächst vorsichtig um mich, bevor ich die ersten Schritte meines Weges gehe? Welches Wetter umgibt mich – macht die Witterung Lust auf den Weg oder würde ich am liebsten wieder umkehren in die Geborgenheit, aus der ich komme? Ich nehme die Gefühle wahr, aber ich gebe ihnen nicht nach. Denn tatsächlich konnte ich damals, gleich wie die Situation bei meiner Geburt auch gewesen sein mag, nicht wieder zurück. Das Leben, der Weg beginnt.

Auf den ersten Metern, vielleicht Kilometern versuche ich, die Umgebung mit den Augen eines Neugeborenen zu sehen. Wundere mich, weil mir alles unbekannt ist. Und versuche, mich angstfrei und voller Neugier und Lebensmut auf den Weg zu machen. Einen Spielplatz passierend, mache ich eine kleine Rast. Ich lege meinen Rucksack ab und streife ein wenig durch die Spielgeräte. Wovon fühle ich mich angezogen? Die Schaukel, die Wippe, ein Drehkarussell? Das Häuschen, die Rutsche, das Holzpferd? Ich nehme in der Nähe oder gar auf meinem Lieblingsspielgerät Platz und lasse meine Erinnerungen schwingen. Womit spielte ich als Kind am liebsten? Kann ich mich an konkrete Spiele erinnern? Gab es auch Unangenehmes, das ich mit dem Spiel verbinde? Ich versuche, dem Spielgefühl von damals auf den Grund zu gehen. Esse dazu vielleicht etwas Trockenobst oder einen Energieriegel und besinne mich meiner kindlichen Naschereien. Welche Freude das doch immer war ... Natürlich brauche ich für diese Übung keinen wirklichen Spielplatz, es kann auch ein Stück Wald oder Gelände sein, in dem ich als Kind gern gespielt hätte. Oder ein Vorgarten mit Gartenzwergen oder Märchen-figuren regt mich dazu an, über die Geschichte nachzusinnen, der ich als Kind am liebsten gelauscht habe. Ich nehme meine Umgebung wahr und bringe sie mit Szenen meiner Kindheit in Erinnerung. Heiter breche ich wieder auf, gehe an meiner Kindheit entlang.

Zwei Stunden später: Mittagspause an einer Holzbank mit Tisch, die Gelegenheit will ich wieder für eine Erinnerung nutzen. Wie viele andere Menschen habe auch ich ein Foto von meiner Einschulung im Herzen. An jenem Tag sollte der »Ernst des Lebens« beginnen. Auf der Bank sitzend denke ich an das Sitzen in der Schulbank. An wen kann ich mich erinnern? Mitschülerinnen, Klassenkameraden, Lehrerin, Hausmeister … Mit wem verbinde ich positive Gefühle? Und wer hat mir das Leben damals schwergemacht? Ich nehme ein Blatt aus meinem Tagebuch und reiße es in kleine Zettel. Schreibe die Namen darauf. Und schaue um mich: Welche Blüten, Blätter, Steine, Äste, Zapfen passen zum jeweiligen Menschen aus meiner Schulzeit und dem Gefühl, das mich mit ihm verbindet? Ich lege zu jedem kleinen Zettel den pas-senden Gegenstand aus der Natur. Auf dem Tisch vor mir liegt nun eine bunte Vielfalt von Menschennamen und Symbolen. Ich schaue alles an, mache vielleicht ein Foto, damit die Er-innerung nicht verlorengeht. Dann sammle ich die Zettelchen ein, lege sie übereinander, knote einen Grashalm darum und lege das Päckchen in den Papierkorb neben der Bank. Nicht im Sinne von: »Ich schmeiße diese Menschen weg«, sondern »Ich räume auf«, das Gesamtbild nehme ich mit, die einzelnen Zettel, die mir nur als Erinnerungshilfe dienten, lasse ich hier. Bei einem oder zwei habe ich das Bedürfnis, sie zu zerknüllen und tue das auch vor dem Wegwerfen. Andere bekommen noch ein Küsschen, bevor ich sie in den Abfallkorb gebe. Es ist nur Papier, in meinem Herzen leben die Menschen und

Erinnerungen weiter. Weil mir eine symbolische Blüte und ein Zapfen besonders wichtig geworden sind, nehme ich sie mit, befestige sie außen an meinem Rucksack. Die anderen Naturgegenstände verteile ich so in der Umgebung, dass sie niemand anderen stören.

Auf dem weiteren Weg geht es später steil bergauf. Es wird mühevoll. Und auch hier versuche ich, die Gegebenheit des Weges zum Anlass zu nehmen, mich des Mühevollen in meiner Kindheit zu erinnern. Gibt es etwas Schweres, das mich begleitet? Etwas, woran ich noch heute leide? Wenn mir so eine Situation einfällt, und das kann den ganzen Tag über passieren, spüre ich nach, an welcher Stelle meines Körpers die Verletzung besonders zu spüren ist. Ich nehme ein Stück Tape-Klebeband, das ich eigentlich zum Blasenschutz dabei habe, und klebe es auf die Haut an jene Stelle meines Körpers, an der ich die Verletzung spüre. Ich kümmere mich um diese Stelle, indem ich sie jetzt schütze. Ich muss nun nicht dauernd an sie denken, ich weiß, ich habe mich darum gesorgt. Abends, vor oder unter der Dusche, schaue ich jedoch nochmal danach und entscheide, was ich tun will: Soll das Pflaster kleben bleiben? Kann ich es abnehmen und wegwerfen? Oder ist es eine innere Verletzung, Wunde, Narbe, die mich in meinem weiteren Leben behindert hat und die noch immer schmerzt? In diesem Fall nehme ich das Pflaster ab, schreibe ein Schlüsselwort dafür auf das Gewebe und klebe es auf mein Erste-Hilfe-Päckchen im Rucksack oder auf meinen Kulturbeutel. Diese Pflasterstücke will ich nicht verlieren und mich zu Hause mit ihnen beschäftigen. Vielleicht tut es gut, sie einer Freundin, einem Freund, einer vertrauten Person zu zeigen? Oder gar einem therapeutisch ausgebildeten Menschen davon zu erzählen? Seelische Wunden aus der Kindheit heilen ja oft besonders schlecht und wollen angesehen werden …

Diese Tape-Methode behalte ich in den nächsten Tagen bei, denn auch später in meinem Leben gab es Verletzungen und Narben, die ich mir nochmal ansehen und gut versorgen möchte.

Am zweiten Tag sieht das Pilgerprogramm vor, die Lebensdekade zwischen 11 und 20 Jahren zu durchschreiten, also den Übergang vom Kind zum Jugendlichen. Drei Themen möchte ich mich an diesem Tag besonders widmen: dem kirchlichen Ritual zum Übergang in diesem Alter, also Konfirmation oder Firmung; erste Verliebtheit; Konflikte mit den Eltern.

Zu Anfang des Tages versuche ich mich in die Zeit als 10-jähriges Kind hineinzuversetzen. Noch bin ich weit weg vom Übergang zum Jugendlichen. Aber ich weiß auch, dass ich gemerkt habe, dass sich mein Körper schon zu verändern beginnt. Diesem körperlichen Wachstum spüre ich nach, während ich mit morgendlicher Kraft in den Tag schreite.

Im Laufe des Vormittags führt mich der Weg an eine kleine Kapelle. Sie sieht ganz anders aus als die Kirche, in der ich konfirmiert wurde. Der Anlass der damaligen Feier sollte meine Religionsmündigkeit sein. Hier, in der Kapelle sitzend, sinniere ich darüber, ob ich damals wirklich schon meinen Kinderglauben hinter mir gelassen hatte und nach einem Gott gesucht habe, der zu einem erwachsenen, verantwortungsbewussten Menschen passt. Wohl eher noch nicht. Aber ich erinnere mich, dass ich zentrale christliche Texte auswendig gelernt hatte und dass ich einem Pfarrer begegnet bin, der es verstand, die alten biblischen Geschichten so zu erzählen, dass sie mit dem Leben von uns Jugendlichen zu tun hatten. Durch diese Begegnung mit einem beeindruckenden Christenmann begann also tatsächlich mein Wachstum zu einem eigenständigen Glauben hin.

Hier, in der Kirchenbank sitzend, weiß ich aber auch, dass für viele Menschen gerade in dieser Zeit die Begegnung mit der evangelischen oder katholischen Kirche besonders unangenehme oder gar schmerzliche Erlebnisse bescherte. Auch dieser kann hier, in dieser Kapelle gedacht werden – vielleicht ist es auch wieder Zeit, ein Stück Tape zu kleben?

Konfirmation oder Firmung sind Feierlichkeiten, bei denen ich bestätigen kann, was mir in der Taufe, meist als kleines Baby, zugesagt wurde: Am Anfang steht, dass Gott mich vorbehaltlos und ohne jede Vorbedingung liebt. Nun, mit 13 oder 14 Jahren, werde ich zu einem selbstständig denkenden Menschen, der seine eigene Gottesbeziehung gestaltet. Was will ich auf diese göttliche Zusage nun antworten? Mit diesem Gedanken mache ich mich auf das nächste Wegstück und stelle mir vor, wie es wohl gewesen wäre, wenn ein Teil meines damaligen Initiationsprozesses – denn genau das ist die Konfirmation/Firmung – auch ein Pilgerweg gewesen wäre … Ich hätte dort so manches über mein späteres Leben lernen können: Leistung bringen, sich helfen lassen, Alleinsein aushalten, Schmerz erfahren und Heilung. Aufbrechen und verwandelt zurückkehren.

Einige Zeit später führt der Pfad über eine kleine, schnuckelige Holzbrücke. Meine Gedanken schweifen hier, an die-

Hier ist's geschehen …

sem romantischen Ort, zurück zu meiner ersten Verliebtheit. Ich bleibe kurz auf den Holzbohlen stehen und spüre den Bildern nach. Besonders die Situation meines ersten Kusses rufe ich mir in Kopf und Herz. Fühle meine Lippen, schmecke nach, spüre in meinem Körper, welche Resonanz das auslöst.

Frohgemut gehe ich weiter und hole andere Erinnerungen aus dieser Zeit hervor: Wie lernte ich meinen ersten Herzensmenschen kennen? War es eher verspielte Unbefangenheit oder führte der Kontakt schon in so etwas wie eine feste Partnerschaft? »Willst du mit mir gehen: Ja – Nein – Vielleicht« … Ich denke an all die geplanten und auch begangenen Verrücktheiten, an die Schmetterlinge im Bauch, an das, was gelang, und auch an das, was vielleicht schmerzte. Jede romantische Situation dieses Tages lässt mich neu an diese Zeit denken, in der mir bewusst wurde, dass ich ein junger Mann, eine junge Frau werde und mich deshalb für andere Menschen auch in erotischer Weise interessiere.

Am frühen Nachmittag komme ich in einen Wald, durch den vor einiger Zeit ein heftiger Sturm gefahren sein muss. Viele Äste sind abgeknickt, einige liegen am Boden. Manche kleinen Bäume wurden umgerissen, aber auch einige wohl schon morsche Bäume liegen hier und vermodern. Das muss ein schlimmer Sturm gewesen sein – Anlass für mich, über die Stürme nachzudenken, die durch unser Haus damals gefegt sind, als ich in die Pubertät kam und mich vielleicht nicht mehr sehr gut mit meinen Eltern verstand. Einige Schlüsselszenen kommen mir in den Sinn, zwei, drei Streitsituationen, die wehtun. Ich versuche nachzuspüren – in den verletzten Wald schauend –, wo ich in diesen Auseinandersetzungen Verletzungen erlitten habe. Ich gebe aber auch dem Gedanken Raum, dass ich meine Eltern ebenfalls verletzt haben muss. Das kann ich heute als erwachsener Mensch sehen, damals wusste ich mir nicht besser zu helfen.

Gedanken splittern

Vom Wegesrand nehme ich ein zersplittertes Holzstück auf, meditiere im Weitergehen die Kantigkeit des Holzes, diese Verletzung eines Baumstückes. Und überlege, ob ich jenen, die die Verletzung ausgelöst haben, vergeben kann. Oder was ich noch tun muss, damit Vergebung möglich ist. Ich weiß, dass der Prozess der Vergebung kein leichter ist, und ich will nicht zu einer vorschnellen, billigen Vergebung kommen. Aber ich weiß: Wie schlimm die Situation auch war, wenn ich nicht bereit bin zu vergeben, werde ich immer das Opfer der Situation bleiben. Erst die Vergebung macht mich wieder zum frei und selbstständig handelnden Menschen.

Ich denke aber auch daran, dass ich vielleicht für die eine oder andere Situation der pubertären Kämpfe um Entschuldigung bitten müsste. Vielleicht in einem realen Gespräch mit meinen Eltern, vielleicht in einem stummen Kontakt, wenn meine Eltern nicht mehr leben. In diesem Denk- und Fühlprozess merke ich, dass es mir guttut, noch ein Tapepflaster auf bestimmte Körperstellen zu kleben.

Dem Tagesziel entgegenkommend, fallen mir noch allerlei andere Erinnerungen aus dieser Zeit ein, die ich zur nachmittäglichen Stunde an mir vorbeifließen lassen kann, ohne daran festzuhalten.

Der dritte Tag für die Lebensdekade von 21 bis 30 schließt sich an. Eine Dekade, in der das berufliche Werden und die Gestaltung von Beziehungen oft Hand in Hand gehen. Mir erscheinen an diesem Tag die Entscheidungen, die ich in jenen 10 Jahren getroffen habe, besonders richtungsweisend für mein weiteres Leben zu sein. Deshalb versuche ich, immer an besonders markanten Abzweigungen oder Weggabelungen wichtige Lebensentscheidungen in Erinnerung zu rufen. Spielerisch schaue ich dem Weg hinterher, den ich nicht gegangen bin.

Zum Beispiel frage ich mich, was gewesen wäre, wenn ich damals mit der unbeantwortbaren Frage, ob es einen wie auch immer gearteten Gott gibt, anders umgegangen wäre. Ich hatte mich entschieden, diese Frage wie ein Forscher anzugehen: Solange ich ein Ergebnis, eine Lösung noch nicht habe, muss ich mit Hypothesen arbeiten und leben. Zur Wahl stellten sich: »Ich probiere aus zu leben, als ob es Gott gäbe« oder »Ich lebe so, als ob es Gott nicht gäbe«. Mit welcher der beiden Hypothesen sollte ich beginnen? Ich

Richtungsentscheidungen

entschied mich für jene mit einem existierenden Gott – und habe bis heute keinen Grund gefunden, die andere auszuprobieren. Was wäre aber gewesen, wenn ich mich zu jener Zeit für die andere Hypothese entschieden hätte?

Oder wie ich wohl gelebt hätte, wenn ich weiterhin Bankkaufmann geblieben wäre, statt diesen Holzweg zu verlassen und auf den Weg des Religionspädagogen zu wechseln?

Oder wie es gewesen wäre, mit jener Frau, mit der ich in diesem Jahrzehnt einige Jahre in einer Partnerschaft gelebt habe, eine Familie zu gründen?

Müßig darüber nachzudenken, ob ich dann auch hier wäre, wo ich jetzt bin. Ich hätte andere Wege gewählt und wäre zu anderen Zielen gelangt. Aber hätte sich bei alldem mein Ich-Sein nicht genauso durchgesetzt, wie es sich auf diesem meinem Weg entwickelt hat, der mir viel ermöglichte, aber eben auch viele andere Wege unmöglich machte?

An diesem Tag also komme ich meinem Ich-Sein auf die Spur, indem ich bei jeder wichtigen Kreuzung in mich gehe und überlege, was es mit meinem Wesen zu tun hat, dass ich in meinem Leben zwischen 21 und 30 diese wichtigen Entscheidungen getroffen habe, die mein Leben nun prägen. Abends male ich mir diesen Lebensweg nochmal auf und führe ein paar Linien, die ich nicht gegangen bin, ein Stück weiter … und verabschiede mich von ihnen. Denn mein Weg ist mein Weg: Ich kann ihn annehmen, ich kann ihn für mich auch neu interpretieren. Aber ich kann ihn nicht mehr anders gehen. Ein Stück Versöhnung geschieht.

Die Jahre 31 bis 40 stehen **am vierten Tag** auf dem Programm. Für mich ein Jahrzehnt, in dem ich besonders mein berufliches Ich sehr entwickelt habe. Auch das Jahrzehnt, in dem ich zum Pilgern gefunden habe. Für viele andere ist dieses Jahrzehnt eines, in dem sich eine Familie entwickelt. Für den heutigen Tag nehme ich die Klammern, die ich normalerweise zum Trocknen meiner Wäsche dabei habe, und gebe sie in die linke Hosentasche meiner Funktionshose. Immer, wenn mich am Weg etwas an einen Erfolg, eine eindrückliche Begebenheit erinnert, nehme ich eine Wäscheklammer aus der linken Tasche in die Hand, bedenke sie kurz und gebe sie in die rechte Hosentasche. Am Abend ist meine linke Hosentasche leer und die rechte gefüllt. Ich nehme nochmal alle Wäscheklammern in die Hand, fühle den Reichtum dieses Jahrzehnts. Dann zwicke ich die Klammern so an eine Stelle meines Gepäcks oder Bettes, dass ich vor dem Einschlafen nochmal daran denken kann.

Heute führt mich der Weg aber auch durch ein hässliches Stück Industriegebiet. Und ich schaue nicht weg, sondern hin: Was war in dieser Lebensdekade hässlich? Hässlich von mir, wo habe ich andere Menschen getäuscht? Enttäuscht? Wo bin ich selbst verletzt worden? Graue Gebäude, Gitterzäune, LKW-Verkehr. Diese Gegend kam mir gerade recht, um auch das Unschöne meines Lebens anzuschauen. Und selbst dort fielen mir zwei Dinge ein, die es wert waren, Wäscheklammern in die andere Tasche wandern zu lassen. Aber auch Tape-Streifen musste ich heute wieder verkleben.

Am fünften Tag habe ich die Hälfte meines Weges hinter mir. Und so ist es auch mit meinem Leben: In dieses Jahrzehnt fällt meine mutmaßliche Lebensmitte. Irgendwann zwischen 41 und 50 beginnt die Zeit, die noch vor mir liegt, kürzer zu sein als jene, die hinter mir liegt. Statistisch natürlich nur, niemand weiß schließlich vorher, wann er aus diesem Leben geht. Dennoch nehme ich mir vor, heute nicht nur über das Erlebte dieses Jahrzehnts nachzusinnen, sondern auch, in die Zukunft zu schauen. Was mag ich in meinem Leben noch erreichen? Was möchte ich noch erleben? Was muss ich dafür möglicherweise tun? Was muss ich vielleicht genau heute ändern?

An einem Bahnübergang angekommen, an dem gerade die Schranke heruntergelassen ist, nehme ich aber auch wahr, dass ich manchmal nicht weiterkomme. Und dass ich manchen Weg nicht mehr gehen kann und gehen werde. Die rotweiße Schranke mitten auf meinem Weg zeigt mir meine Begrenzung auf. Darüber will ich auf meinem nächsten Wegstück noch nachdenken: Wo hat mir das Leben durch symbolische Schranken gezeigt, dass es so nicht mehr weitergeht? Und welche Konsequenzen habe ich daraus gezogen? Habe ich etwas geändert, in meinem Alltag, in meinem Leben? Oder warte ich auf die nächste Schranke? War das Signal nicht deutlich genug?

Später komme ich an einem prächtigen Bauwerk vorbei. Hier könnte man prima feiern. Und tatsächlich steht ja eine große Party an: 50! Weil der 50. Geburtstag, der in meinem persönlichen Fall noch in der Zukunft liegt, ein wichtiger Meilenstein für viele Menschen ist, überlege ich mir, mit wem ich diesen Tag begehen will und schreibe meine ganz persönliche Gästeliste. Auf der stehen Namen lieber Verwandter und Freunde, Gefährtinnen, Weggenossen, Kolleginnen – vielleicht gibt es sogar einen Stargast?

Ich könnte aber auch nicht nur leibhaftige Menschen einladen, sondern in übertragener Weise auch meine Charaktereigenschaften, die ich bis zu diesem Tag, bis zu diesem Fest besonders pflegen möchte, damit sie schön glänzen, wenn sie dann an der Festtafel Platz nehmen. Und ich entscheide mich, einige meiner Charaktereigenschaften, die ich nicht gern mag und die ich nicht zeigen möchte, an einen Katzentisch zu setzen. Freilich dürfen sie da sein, sie gehören ja zu mir. Aber ich will ihnen nicht mehr so viel Raum geben wie in den letzten Jahren.

Abends setze ich ein Einladungsschreiben auf. Eines für die Menschen, mit denen ich feiern möchte. Ich will ihnen jetzt schon sagen, dass sie für mich wichtig sind und dass sie sich tatsächlich den Tag meines 50. Geburtstags schon mal freihalten sollen. Und ich schreibe zwei unterschiedliche Einladungstexte für meine Charaktereigenschaften. Ich teile ihnen mit, dass sie alle kommen dürfen. Aber ich schreibe auch, welchen Platz ich ihnen jeweils zuteilen möchte. Diese Einladungsschreiben stecke ich in einen Briefumschlag und schicke sie nach Hause. Auf meinem Pilgerweg brauche ich sie nicht mehr, aber in den nächsten Monaten und Jahren könnten sie noch wichtig werden. Deshalb benötige ich sie zu Hause.

Ab jetzt liegen die Dekaden, die noch auf meinem Weg warten, für mich persönlich in der Zukunft. Ich kann nicht mehr auf sie zurückblicken, sondern versuche einen Blick in das, was kommen kann. Und gehe davon aus, dass ich durch meine Gedanken, Ideen und Pläne an meiner Zukunft baue, immer in dem Wissen, dass sie nicht verfügbar ist. Dass selbst das Ende, mein Tod, natürlich nicht von mir vorhergesehen werden kann. Aber ich schaue auf meinem Weg einfach mal bis in meine 90er – wer weiß, wofür es gut ist …

Am sechsten Tag liegt die Spanne zwischen 51 und 60 vor mir. Es ist mutmaßlich eine Zeit, in der ich hoffentlich noch Kraft habe, wichtige berufliche oder persönliche Vorhaben oder gar Träume zu verwirklichen. Gleichzeitig ist auch klar, dass ich nicht mehr die Energie der ersten Lebenshälfte habe und mein Körper sich noch mehr verändert, als er das in den letzten Jahren ohnehin schon getan hat. Diesen Gedanken in mir tragend sehe ich, dass eine Jakobsmuschel als Wegweiser am selben Pfosten angebracht ist wie das Verkehrsschild »Rettungsweg«. Soll der Jakobsweg mein Rettungsweg sein? Was will mir das sagen?

Kann ein Weg retten?

Hier soll also immer ein Sanitätsfahrzeug ungehindert vorbeifahren können. Das lässt mich an meine körperliche Befindlichkeit denken. Was sollte ich besser tun, was besser lassen, damit es nicht nötig wird, dass der Notarzt zu mir kommt? Und andererseits: Welche meiner Lebensgewohnheiten bin ich nicht bereit aufzugeben, auch wenn es das Risiko einer Erkrankung erhöht? In meinem Tagebuch skizziere ich eine kleine Tabelle: Was will ich ändern, was will ich behalten? Und schreibe auf meinem nächsten Wegstück jeden Beschluss, den ich Schritt für Schritt fasse, sorgfältig auf. Mir ist klar, dass dieses Vorgehen noch kein Umsetzungskonzept ist. Aber es ist auch schon etwas wert, die Absichten klipp und klar zu definieren. Es geht schließlich um meine Gesundheit. Da sollte ich ruhig mit Gewissenhaftigkeit vorgehen.

Mittags führt der Weg durch ein Städtchen, hier gibt es sogar einige Bürogebäude. Eines beeindruckt mich besonders: Es besteht aus großen Glasfenstern, ich kann die Menschen dahinter arbeiten sehen. Die Büros sehen gemütlich aus, schicke Möbel, viele Pflanzen, entspannte Menschen. Wenn ich an meine Arbeit denke, muss ich für diese Dekade eine Entscheidung treffen. Will ich selbst auch eher entspannt wie die

Menschen in diesem Bürohaus arbeiten und das berufliche Geschehen langsam auslaufen lassen? Oder will ich möglicherweise noch ein großes Ziel erreichen, auf das ich in meinem beruflichen Werdegang hingearbeitet habe? Oder steht gar noch ein Stellenwechsel an, will ich nochmal etwas ganz anderes erreichen? Für viele Frauen und auch für manche Männer stellt sich in dieser Dekade die Frage, wie man nach der Familienphase den Wiedereinstieg in die Arbeitswelt gelingend gestalten kann.

Gleich, für welche dieser Optionen ich mich entscheide, heute ist der Tag, sich darüber Gedanken zu machen. Und zwar ganz konkret: Ich denke darüber nach, wo ich am Ende des Jahrzehnts, also mit 60, stehen will und was ich deshalb bereits am Anfang des Jahrzehnts einleiten muss. Am Abend schreibe ich in mein Notizbuch auf die Seite neben meiner Gesundheitstabelle, bis wann ich den jeweiligen Vorsatz umgesetzt haben möchte.

Der siebte Tag beginnt bei 61 und endet bei 70 Jahren. Ich weiß, dass ich in dieser Lebensdekade körperlich keine Höchstleistungen erwarten kann. Aber ich beabsichtige, mich fit zu halten. Deshalb überlege ich schon jetzt: Welche Sportart könnte für mich infrage kommen? Dass der Weg heute auch als Walking-Strecke beschildert ist, erinnert mich daran, über diese Frage immer wieder nachzudenken, während ich durch den Vormittag gehe.

Seltsam passend, dass der Weg heute auch durch einen Kurort führt. Werde ich selbst kurbedürftig sein, wenn ich die 60 überschritten habe? Und wie wird es meinen Eltern gehen? So herausfordernd es ist, sich damit auseinanderzusetzen, aber ich will mich dem stellen, dass meine Mutter, mein Vater zumindest statistisch in dieser Dekade sterben werden. Eventuell steht auch eine Zeit der Pflege bevor. Ich spüre in mich hinein, welche Rolle ich dabei spielen möchte, was von mir erwartet wird: von den Eltern selbst, den Geschwistern, der Partnerin, der Gesellschaft. Und ich setze mich damit auseinander, was ich dabei tun will – und wozu ich nicht bereit sein werde. Diese Fragen mag ich auf meinem Weg noch gar nicht abschließend beantworten, aber ich will sie mir wenigstens bewusst machen.

Was ich aber doch ganz konkret anschaue, ist die Beziehung zu meinem Vater, zu meiner Mutter. Ich weiß von anderen Menschen, deren Eltern bereits gestorben sind, wie belastend unaufgeräumte, unversöhnte Beziehungen sein können. Aber auch, wie reich und wertschätzend ein Sterbe- und Abschiedsprozess sein kann, wenn man versöhnt ist, alte Verletzungen versorgt sind, man sich gegenseitig vergeben konnte. Es kann an diesem Tag sein, dass ich mir klarmache, welche Konflikte ich bereinigen möchte – und auch, welche Gelegenheit dafür günstig ist. Vielleicht ist nicht das nächste Wiedersehen der passende Rahmen, vielleicht muss Versöhnung noch ein wenig warten. Womöglich muss ich sogar noch durch einen Prozess der Wut, des Schmerzes, der Trauer hindurch, bevor ich mich mit Vater und Mutter versöhnen kann. Schnelle, voreilige Versöhnung heilt nicht wirklich.

Es kann aber auch sein, dass ich mich entscheide, einen möglichen Konflikt, eine Entzweiung nicht zu lösen, sondern sie stehen zu lassen. Einfach, weil die Verletzungen zu groß sind, der Abstand zu weit. Sollte ich diese Entscheidung treffen, werde ich abends am Ziel eine Kerze in einer Kirche anzünden, um Gott darauf aufmerksam zu machen, dass ich hier etwas in seine Hand zurücklege.

So weit bin ich jedoch noch nicht auf meinem Weg, bis zum Ziel sind es noch einige Kilometer. Das ist auch gut so, denn ich will mich heute noch mit meinem mutmaßlichen beruflichen Ende und meinem Übergang in den Ruhestand ausein-

andersetzen. Ich nehme auf einer bequemen Bank am Wegesrand Platz und stelle mir mal wieder eine Feier vor: meine
Ruhestandsfeier.

Bei welchem Arbeitgeber werde ich mich verabschieden? In
welchem Rahmen findet das Fest statt? Wer wird meine Ab-
schiedsrede halten? Welche Meilensteine meiner beruflichen
Entwicklung sollen gewürdigt werden? Ich mache mir aber
auch klar, dass ich nicht alles erreicht haben werde. Auch das
mag ich hinter mir lassen. Gibt es noch Unaufgeräumtes, das
ich klären will? Auf der Beziehungsebene mit meinen Vor-
gesetzten? Mit Kolleginnen oder Kollegen? Mit Mitarbeiten-
den? Diese Gespräche habe ich, so nehme ich mir vor, bereits
vor der Ruhestandsfeier geführt, sodass ich und meine Gäste
unbeschwert feiern können.

Sicher habe ich bis dahin schon einige Ideen gesammelt,
was ich in meinem Ruhestand anstellen möchte. Wie ich mein
Leben neu strukturieren werde. Was ich dann loslassen will

und was wichtig wird, welche Träume ich haben werde. Bei aller Vorbereitung, während ich noch im Arbeitsleben stecke, weiß ich, dass ich diese Schleusensituation bewusst gestalten will. Als Pilger liegt es nahe, was ich dann tun werde: Möglichst bald nach der Abschiedsfeier werde ich wieder zum Pilgern aufbrechen. Je nach körperlicher Verfassung und familiärer Situation werde ich nur ein paar Tage gehen, ein paar Wochen oder gar den ganzen Weg von meiner Haustür zu einem großen Pilgerziel, zum Beispiel nach Santiago de Compostela. Für die über 2600 Kilometer muss ich allerdings vier Monate einplanen – und wenn ich auch zurücklaufen will, die doppelte Zeit. Noch weiß ich nicht, welche Pilgerreise auf mich wartet. Aber ich weiß, dass ich diesen Übergang pilgernd gestalten will. Mit solchen Flausen im Kopf komme ich heute ganz beschwingt am Etappenziel an.

Die Zeitspanne zwischen 71 und 80 wird mich **am achten Tag** beschäftigen. Der Weg bietet mir heute ein besonderes Highlight dazu: Nach etwa zwei Stunden soll eine eindrucksvolle Ruine am Wegesrand liegen. Das passt ja zu meinem Alter in dieser Dekade. Werde ich selbst eine Ruine sein, wenn ich die 70 überschritten habe? Oder werde ich mich rüstig gehalten haben? Als ich dann tatsächlich die Mauerreste erreiche, ist der Eindruck völlig anders als erwartet. Eine Burg ist nicht mehr zu erkennen. Mitten im Wald finden sich nur ein paar alte Grundmauern, die zum Teil von Erde bedeckt sind, überwuchert, auf einigen wachsen schon kleine Bäume. Das, was einst groß war, kehrt zur Erde zurück, ist Grundlage dafür, dass wieder Neues wachsen kann. So möchte ich auch mal »altes Eisen« sein, das nicht störend in der Welt bleibt, sondern nützlich ist für die Welt, die nach mir kommt. Ähnliche Gedanken hätte ich heute vielleicht auch bei einem alten Baumstamm haben können, der für andere Tiere und Pflanzen Heimat ist. Eine schöne Vorstellung, selbst in diesem Alter noch nützlich sein zu können.

Später regt mich ein Rathaus an, noch andere Angelegenheiten zu bedenken: Guter Rat ist teuer, wenn man an Themen wie Patientenverfügung oder Testament denkt. Natürlich möchte ich heute noch nicht so gern darüber befinden, aber sinnvoll wäre es! Stattdessen gehen meine Fantasien jedoch in eine andere Richtung: Ich denke an den ehemaligen Bremer Oberbürgermeister Henning Scherf, der gemeinschaftliche und generationsübergreifende Wohnprojekte propagiert. Wie will ich denn leben, wenn ich alt bin? Welche Wohnform ist mir angenehm und was kann ich heute schon dafür tun, um diese dann tatsächlich umsetzen zu können? Wenn ich beispielsweise in einer Wohngemeinschaft leben möchte, ist es sicher nicht sinnvoll zu warten, bis ich 70 bin, um meine Mitbewohner und Mitbewohnerinnen auszusuchen. Besser, ich kümmere mich schon vorher um entsprechende Kontakte. Aber auch andere Wohnprojekte für ältere Menschen will ich mir jetzt schon anschauen, wenn ich wieder zu Hause bin – einfach um meinen Horizont zu weiten.

Spannend, einen ganzen Tag lang in eine Zukunft zu schauen, die von heute noch so weit entfernt scheint. Das wird mir morgen, am letzten Tag, noch mehr Fantasie und Weitsicht abfordern.

Denn an diesem letzten Pilgertag, an dem ich das Ziel meines Weges erreichen will, schaue ich mir mein mutmaßlich letztes Jahrzehnt an, die Jahre zwischen 81 und 90. Statistisch gesehen also das Jahrzehnt, in dem ich sterben werde. Der Weg ist heute jedoch so gewählt, dass ich bereits nach zwei Stunden die Kirche erreicht haben werde, die diesmal mein Pilgerziel sein soll. Ich habe die Reise so geplant, dass dieser Tag ein Sonntag ist, sodass es möglich ist, am Ziel den Gottesdienst mitzufeiern. Ganz bewusst habe ich geplant, dass es auch noch das Erntedankfest ist, das begangen wird. Aber bevor ich die kirchliche Feier erreicht habe, will ich mich nicht drücken, mich mit dem Tod, mit meinem Tod auseinanderzusetzen. Ich konzentriere mich diesmal nicht auf medizinische Themen, sondern denke schon etwas weiter: Wie soll mein Grabstein gestaltet sein? Weil gerade ein eindrücklicher großer Stein am Wegesrand liegt, schaue ich mir diesen genauer an. Farbe, Beschaffenheit gefallen mir. Möchte ich darauf Buchstaben aus Metall haben? Oder soll etwas eingemeißelt werden? Und was eigentlich? Name, klar, Geburts- und Sterbedatum, das ist so Sitte. Früher schrieb man auch den Stand oder Beruf mit auf den Stein. Bankkaufmann und Religionspädagoge – will ich wirklich, dass das auf meinem Stein steht? Diese Berufe werde ich ausgeübt haben, aber ist das dann noch wichtig? Etwas anderes, was ich auf Erinnerungssteinen am Jakobsweg in Spanien gesehen habe, fällt mir wieder ein: *Peregrino* steht darauf. Ja, das ist eine gute Idee: Pilger, das ist Teil meiner Persönlichkeit, jetzt und in der nächsten Welt. Wie ein Pilger möchte ich diesen Weg meines Lebens verlassen und auf einen neuen Weg gelangen. Ein Weg, der ganz anders ist, als ich ihn mir jetzt vorstellen kann – ich werde in der Fremde wandeln und mir den Weg heimisch machen. Deshalb, entscheide ich, soll auf meinem Grabstein »Pilger« stehen, eine Jakobsmuschel dazu wäre auch schön. Ja, so soll es sein.

Muschel für ewig

208

In der Fülle angekommen

Mit einem Gefühl der Zufriedenheit, weil ich so ein gutes Siegel für meinen Lebensweg gefunden habe, komme ich an meinem Ziel an. Es ist kein lauter Jubel, der mich erfüllt, sondern ein leises, warmes Gefühl. Ich schaue auf die eindrückliche Kirche, das Portal, die Figuren, die mich einladen einzutreten. Menschen strömen zum Gottesdienst, ich gehe mit hinein in den Kirchenraum. Es ist noch ein wenig Zeit bis zum Beginn der Messe, deshalb gehe ich zunächst zum Altar, wo reife Früchte und Gemüse, Getreide und Blumen aufgebaut sind. Beeindruckt stehe ich davor, schaue mir diesen Reichtum an und denke gleichzeitig an den Reichtum meines Lebens, den ich in den letzten Tagen so intensiv betrachten konnte. Tiefe Dankbarkeit erfüllt mich, ja, es ist eine reiche Ernte meines Lebens, für die ich an diesem Ort, mit dieser Feier danken möchte. Ich zünde eine Kerze an, suche mir einen Platz ganz hinten, wo ich einerseits am Geschehen teilhaben kann, andererseits aber auch meinen Gedanken, die sich hier noch einmal bündeln, nachhängen kann. »Halleluja!«, ruft meine Seele. Noch nie haben mir Brot und Wein so gut geschmeckt. Ich bin in meinem Leben angekommen.

Zusammenfassung der Impulse des Weges:

1. Tag
Geburt: Wie nehme ich die Welt wahr?
Meine Lieblingsspiele oder -geschichten.
Schulerinnerungen: Wer hat mein Leben in welcher
Weise beeinflusst?
Mühevolles und Schweres aus meiner Kindheit.

2. Tag
Konfirmation / Firmung: meine Initiation und der
Wandel meines Glaubens.
Erste Küsse und Szenen zarter Verliebtheit.
Verletzungen aus der Beziehung mit meinen Eltern.

3. Tag
Überprüfung meiner weichenstellenden
Entscheidungen.
Wie wurde ich, wer ich bin?

Zeit, um Klarheit zu gewinnen

4. Tag
Erfolg, Reichtum, Glücksmomente meines Lebens.
Hässliches und Enttäuschendes bekommt Raum.

5. Tag
Was will ich noch erreichen?
Welche Begrenzungen erlebe ich?
Die Gästeliste meines 50. Geburtstags.

6. Tag
Meine gesundheitliche Lebensführung: Was will ich
ändern, was beibehalten?
Will ich beruflich noch etwas erreichen, oder lasse ich
mein Arbeitsleben sanft ausschwingen?

7. Tag
Wie will ich mich meinen Eltern gegenüber verhalten?
Versöhnen, verabschieden, loslassen?
Meine Ruhestandsfeier: Würdigung meiner beruflichen
Lebensleistung.
Ideen zur Ruhestandsgestaltung.

8. Tag
Wie kann ich im Alter nützlich sein?
In welcher Form möchte ich dann wohnen und leben?

9. Tag
Wie soll mein Grabstein gestaltet sein?
Feier der Ankunft am Pilgerziel.

Elsebeth

Ich traf Elsebeth, die dänische Krankenschwester, mitten auf dem Weg. Das heißt, eigentlich traf sie mich, denn ich ging an diesem Tag für mich allein auf einem *Camino* durch Spanien. Dabei überholte ich eine Pilgerin, Ende 50, körperlich fit, aber in diesem Moment einfach nicht gut beieinander. Kaum war ich ein paar Meter vor ihr, rief sie: »Hey, I need your help!« Natürlich drehte ich mich um – und Elsebeth grinste. Sie sagte zu mir, zunächst auf Englisch, sie fühle sich im Moment wie ein 3-jähriges trotziges Kind, das keinesfalls weiter wolle. Sie bräuchte meine Hilfe, um heute anzukommen. Ich grinste ebenfalls: So offen und frech war ich bisher auf Pilgerwegen noch nicht angesprochen worden. Natürlich wollte ich Elsebeth helfen. Sie war eine lebensfrohe Frau, die von den Männern enttäuscht wurde. Weil wir uns gut verstanden, erzählte sie mir bald von ihrem Pilgergrund. Von ihrem Mann geschieden, hatte sie sich auf eine neue Beziehung eingelassen. Aber auch dieser Mann tat ihr nicht gut. Gemeinsam im Urlaub behandelte er sie aus heiterem Himmel wie Luft, verweigerte auch jedes Gespräch. Elsebeth war ratlos, wurde ganz verzweifelt, versuchte mithilfe unterschiedlicher Strategien, an ihn heranzukommen. Er blieb weiterhin bei sich, zog sich aus der Beziehung zurück, gemeinsam reisten sie nach Hause, seither herrschte Funkstille. Eigentlich wollte sie zum jetzigen Zeitpunkt mit diesem Mann in der Toskana weilen, aber das tue sie sich nicht mehr an, meinte sie. Stattdessen hatte sie den Flug umgebucht und war jetzt hier auf dem Jakobsweg. Und fluchte. Weil die neue Freiheit so anstrengend war. Weil es heiß war, weil die Herbergen weit weg waren. Aber es gab Bars. Elsebeth lud mich zu einem Bier ein. Wir unterhielten uns über Lieblingsbücher, sie war ziemlich spirituell unterwegs, mit leichtem Hang zum Esoterischen. Ich müsse unbedingt Shirley McLaines Pilgererfahrungen lesen – ein ziemlich abgedrehtes Pilgerbuch.

Elsebeth erzählte auch von ihrer Tochter, die sie hatte wissen lassen, dass sie jetzt die Schule schmeißen würde, um Schauspielerin und Modell zu werden. Natürlich nahm Elsebeth das nicht ganz so cool, aber was sollte sie tun? Ihre Tochter war erwachsen. Und hier auf dem Weg lernte sie loszulassen.

Hey, I need your help!

Und zündete sich gleich noch eine Zigarette an.

So gestärkt zogen wir weiter, die uns umgebenden Weinberge hätten auch in der Toskana sein können. Am Nachmittag kamen wir in der Pilgerherberge an und wurden trotz des Altersunterschieds für Mann und Frau gehalten. So schnell kann es gehen, dass aus Weggefährten Paare werden. Aber wir wurden nur für eine Nacht durch den Hospitalero verkuppelt, denn unsere Rhythmen und Geschwindigkeiten auf dem Weg waren sehr verschieden, weshalb ich sie bald aus den Augen verlor. Machte aber nichts, denn an diesem Tag habe ich dazu geholfen, dass Elsebeth am Ziel ankam und dass ihre wunde Seele ein wenig heilen konnte.

Tage später hörte ich von zwei jungen Ostfriesinnen, ganz frisch auf dem Weg, die ihr Tagesziel nur erreicht hätten, weil ihnen eine durchgeknallte dänische Krankenschwester geholfen hatte. Beim Pilgern weiß man nie, wer wann für wen zum Engel wird.

Das Pilgern geht weiter

Mancher mag die Pilgerentwicklungen der letzten Jahre für eine vorübergehende Modeerscheinung halten. Und auch ich denke, dass die Zahlen der Pilger und Pilgerinnen mittelfristig wieder etwas zurückgehen werden. In einer Umfrage des Bayerischen Tourismusverbandes unter deutschen Touristen in Bayern wurden Fragen im Zusammenhang mit dem Pilgern gestellt. Dabei kam heraus, dass etwa 25 Prozent der Befragten Interesse am Pilgern hätten, aber nur 2 Prozent tatsächlich selbst pilgern. Der Tourismusverband interpretiert hier einen enormen Wachstumsmarkt. Man mag zum Pilgern als touristisches Phänomen stehen, wie man will. Aber bedenkt man, dass es die spirituelle Form des Pilgerns seit über 2000 Jahren gibt, wird man sich darauf einrichten können, dass auch in absehbarer Zeit mit einer größeren Zahl an Menschen, die sich auf einen Pilgerweg machen, zu rechnen ist.

Darin steckt eine Aufgabe für Menschen am Wegesrand: ein freundlicher Gruß, ein hilfreicher Hinweis zur Orientierung, eine tatkräftige Unterstützung, eine Bank oder ein Stuhl, ein Krug Wasser, ein paar Blumen, ein freundliches Wort und offenes Ohr sind für Pilger und Pilgerinnen ein herzerwärmendes Zeichen dafür, dass sie auf ihrem Weg und mit ihrem Anliegen nicht allein sind.

Und natürlich werden gerade an den Pilgerwegen im deutschsprachigen Raum noch Pilgerherbergen gebraucht: einfache Unterkünfte mit Betten und Waschgelegenheit, vielleicht einer Möglichkeit, sich ein heißes Getränk zuzubereiten – mehr brauchen Pilger und Pilgerinnen in der Regel nicht. Die Träger sind oft engagierte Expilgerinnen und -pilger, manchmal auch die Jakobusgesellschaften und vor allem Kirchengemeinden, häufig von der Kommune unterstützt.

Aber auch sonst sind Kirchen und ihre Gemeinden an Pilgerwegen gefragt. Offene Gemeindehäuser, in denen man ein wenig rasten oder die Toilette benutzen kann, sind ein Traum, der hier und dort schon Wirklichkeit wurde. Noch viel wichtiger jedoch sind offene Kirchen, die zur spirituellen Sammlung einladen. Vielleicht liegen sogar ein Pilgerstempel, ein Buch für Gebetsanliegen und Kerzen bereit? Es gibt schon Kirchen, in denen man ein Kärtchen mit einem Segenswort für die Seele findet und ein Krug oder eine Flasche Wasser für den Körper zum Mitnehmen bereitstehen. Es sind oft die kleinen Gesten, an denen die Menschen auf dem Weg merken, dass sie willkommen sind.

Natürlich kann die geistliche Unterstützung auch schon an ganz anderer Stelle beginnen: Es machen sich Menschen auf den Weg, die oft lange keine spirituelle Erfahrung oder keinen Kontakt zu einer Kirchengemeinde an ihrem Heimatort hatten. Sie mit einem Segen auf den Weg zu bringen, ihnen eine kleine Aussendung anzubieten ist eine schöne Form, die Bindung zwischen Heimatort und Fremde zu verdeutlichen. Dieses Ritual wird an vielen Orten, die klassische Pilgerstartorte oder -knotenpunkte sind, bereits angeboten. An verschiedenen Stellen wird schon darüber nachgedacht, jenen, die auf dem Pilgerweg waren, ein Ritual zur Heimkehr anzubieten: Da waren Menschen in der Fremde, haben wichtige Erfahrungen gemacht, die sie nun sortieren und in ihr alltägliches Leben integrieren müssen. Auch dabei kann ein Ritual helfen, das die Botschaft übermittelt: »Du warst fort, jetzt bist du wieder hier. Wir haben ein offenes Ohr für dich: herzlich willkommen!« Für den weitergehenden Austausch von Erfahrungen sind die an verschiedenen Orten längst installierten

Pilgerstammtische wichtig, wo auch jene sehr willkommen sind, die noch keine Pilgererfahrung haben, sich jedoch auf den Weg machen wollen.

Menschen um ihre Pilgererfahrung herum zu begleiten, kann eine wertvolle seelsorgerliche Aufgabe der Kirchen sein, gerade weil es sich um Umbrüche und Krisen handelt, in denen Christinnen und Christen füreinander da sein sollten. Die Menschen auch unterwegs in ihren Prozessen zu begleiten, ist die Aufgabe von Pilgerbegleiterinnen und -begleitern, die in verschiedenen Teilen Deutschlands von den Kirchen qualifiziert werden. Sie werden in der Geschichte und Spiritualität des Pilgerns ausgebildet und verstehen es, ein- oder mehrtägige Pilgerangebote mit spirituellen und biografischen Impulsen zu planen und umzusetzen. Für viele sind solche Reisen die erste praktische Berührung mit dem Thema Pilgern.

Vorbildlich in der vielfältigen Begleitung der Belange von Pilgern und Pilgerinnen sind Hamburg und Nürnberg mit ihren Pilgerzentren, die jeweils in den evangelischen Jakobskirchen angesiedelt sind. Hauptberufliche und Ehrenamtliche bemühen sich, die verschiedensten Bedürfnisse von Menschen, die sich aufmachen, noch unterwegs sind oder bereits heimgekehrt, zu erfüllen. Auch die vielfältigen Jakobusgesellschaften und Pilgervereine leisten einen unschätzbaren Dienst, gar nicht zu reden von den unzähligen Freiwilligen, die sich in Pilgerherbergen engagieren.

Warum diese vielfältige Unterstützung? Warum die offenen Türen und Herzen? Weil es den Menschen auf den Wegen guttut. Weil sie es brauchen. Und weil schon von alters her gesagt wird: Pilgerinnen und Pilger bringen Segen ins Haus.

Buen camino!

Dank

Ohne die Begegnungen mit diesen Menschen wäre ich und wäre dieses Buch nicht so, wie es ist. Herzlichen Dank, liebe Weggefährtinnen und -gefährten!

Hannelore, Hans-Jürgen, Kerstin, Andi, Simon

Axel, Angelika, Jochen, Regine, Ute, Lothar, Dorothea, Christian, Jutta, Anke, Uschi, Andreas, Katja, Uschi, Daniela, Renate, Ursula, Katharina, Marion, Stefanie, Petra, Gabi, Cordula, Pepe, Margarethe, Bertram, Till, Werner, Heide, Christopher, Sigurd, Wolfgang, Steffen, Christian, Sven, Anna, Johanna, Henrike, Isabella, Rieke, Bärbel, Nicole, Katja, Christoph, Christine, Marion, Christa, Annette, Jasmin, Gernot

Hape, Andreas, Monika, Reinhold, Toni, Petra, Hermann, Joachim, Peter, Bernd, Oliver, Oliver, Thomas, Kirsten, Felix,

Jutta, Manuela, Siglinde, Patricia, Mike, Niko, Sigrid, Silke, Birgitt, Eveline

Tobias, Barbara, Schwester Ursula, Schwester Burkhardis, Georg, Jutta, Mechthild, Tanja, Maria, Brunhild, Rachel, Raphaela, Maria, Simone, Hans, Christine, Günter, Dorothea, Beate, Günter, Martina, Kerstin, Margarethe, Jan-Dirk

Susanne, Martin, Karin, Patrick, Alexander, Birgitta, Stefania, Rudolf, Barbara, Gabriele, Birgit, Barbara, Harald, Dirk, Gerlinde, Helga, Birgit, Siglinde, Agnes, Helmut, Vera, Gertrud, Solange, Christine, Katrin, Birgit, Wolfgang, Barbara, Thomas, Ulrike, Wolfgang, Fritz, Maria, Helga, Rudi, Hanjo, Stephan, Evi, Chitose, Michael, Christa

Georg, Konstantin, Michael, Jean-Marie, Jackie-Anne, Solveig, Svejn, Peter, Ernesto, Viktor, Maria, Maria, Amparo, Carmen, Juan-Carlos, Daniel, Manolo, António, Alessandro, Pawel, Montserrat, Kathrin, Peter, Peter, Núria, Sílvia, Nadja, Karl, Liza, Laura, Géraldine, Amélie, Ralf, Jakob, Maurice, Susi, Strolch, Diana, Florian, Virginie, Torsten, Olatz, Maria, Jesús, Gabriele, Theres, Tobias, Jörg, Corinna, Cisco, Mónica, Crisztian, Rosario, Francesco, Elke, Irmi, Annette, Carmen, Christina, Brandon, Angie, Harald, Loreto, Lisa, Micki, Shawna, Miles, Greg, Attila, Simone, Rainer, Justin, Sabine, Daniel, Arnold, Florian, Deria, Karl, Sean, Elsebeth, Guido, Florian, Isabella, Laurance, Silvianne, Anni, Karin, Frédéric, Yan, Stefan, Mark, Marie

Jan, Dominik, Jo, Lissi, Ulrike, Doris, Irene, Christian, Hedi, Barbara, Susanne, Elisabeth, Gudrun, Thomas, Wolfgang, Christian, Thomas, Achim, Robert, Sebastian, Andi, Joachim, Reiner, Holger, Marion, Doris, Irmgard, Barbara, Ulrike, Simone, Heike, Elisabeth, Andrea, Luise, Walburg, Claudia, Siegfried, Barbara, Friedl, Olivia, Meryem, Irmtraud, Nicoletta, Eva, Veronika, Christa, Rita, Andrea, Cornelia, Christine, Angela, Heidrun, Nele, Rita, Stefani, Elisabeth, Peter, Antje, Christiane, Sabine, Wolfgang, Emma, Robert, Elisabeth, Marina, Max, Maria, Maria Isabel, Monika, Margit, Sonja, Karin, Marina, Reinhard, Inga, Elisabeth, Angie, Angela, Hilde, Barbara, Gertraud, Irene, Svenja, Karla, Heinz,

Helga, Antje, Michaela, Eva, Viktor, Monika, Birgit, Andrea, Gertrud, Matthias, Martin, Hannelore, Karin, Reinhard, Marie-Luise, Nora, Peter, Gabriele, Christina, Werner, Bernd, Dirk, Ute, Anne, Karl, Lothar, Judith, Jutta, Eva, Barbara, Christel, Annemarie, Heidi, Brigitte, Wolfgang, Petra, Martina, Barbara, Ingrid, Hannelore, Annegret, Heinz, Christian, Martin, Barbara, Chriseldis, Klaus, Sebastian, Gottfried, Sandra, Berit, Helmut, Barbara, Wolfgang, Sandra, Kirsten, Barbara, Norbert, Alexandra, Sabine, Helga, Anita, Mary, Elke, Nora, Petra, Martin, Kläre, Günter, Helmut, Irmi, Barbara, Angela, Cornelie, Doris, Andreas, Richard, Alois, Reinhard, Achim, Raimund, Hans, Andreas, Walter, Andreas, Tobias, Dirk, Sigrid, Josefine, Gudrun, Markus, Traudl, Christa, Gabriele, Hanne, Elisabeth, Nina, Claudia, Rita, Ernst, Gisela, Susanne, Herbert, Cornelia, Ingo, Martin, Ingrid, Horst, Ilse, Hilde, Rainer, Astrid, Tanja, Heidi, Astrid, Eveline, Theresia, Maria-Luise, Erika, Thomas, Nicole, Günther, Gabi, Christian

Dietrich, Thomas

und Jakobus.

Literatur

Weil die Literatur rund um das Thema Pilgern mittlerweile umfangreich und vielfältig geworden ist, möchte ich ein paar persönliche Empfehlungen aussprechen:

Eine übersichtliche, vielfältige und dennoch detailreiche Einführung ins praktische Pilgern bietet Raimund Joos mit *Pilgern auf den Jakobswegen*, Welver, 8. Auflage 2014. Eher eine spirituelle Reflexion desselben Autors findet sich unter dem Titel *Warum der Schuh beim Gehen weiter wird: Der spirituelle Jakobsweg-Coach*, Innsbruck, 2. Auflage 2011.

Vielfältige berührende Texte für unterschiedliche Wegsituationen finden sich in den Büchern des Pilgerbegleiters und Erwachsenenbildners Peter Müller, zum Beispiel in *Meine Sehnsucht bekommt Füße – Ein spiritueller Pilgerführer,* München, 2009 oder auch, eine feine Idee, in Form von Kärtchen für unterwegs: *Auf gutem Weg: 7x7 Pilgerkarten*, Münsterschwarzach, 2014.

Ein reicher Schatz an Segenstexten findet sich bei Gernot Candolini im Buch *Segen – Kraftquelle des Lebens*, München, 2013, und schöne Gebetstexte im von Heide Warkentin herausgegebenen Büchlein *Pilgergebete,* München, 2014. Spirituelle Texte und Lieder zu den verschiedensten Wegphasen zwischen Aufbrechen und Ankommen stehen auch bei Georg Magirius in *Schritt für Schritt zum Horizont – Pilger-Werkbuch,* Freiburg i. Br., 2015.

Franz Alt und Bernd Lohse haben unter dem Buchtitel *Aufbruch zur Achtsamkeit: Wie Pilgern unser Leben verändert,* Freiburg i. Br., 2013, anhand des Olavsweges die Spiritualität des Pilgerns mit seiner ökologischen Dimension verbunden.

Über die Beziehung zwischen Trauern und Pilgern schreibt Tobias Rilling kenntnisreich in *Auf die Füße kommen – Die Zeit der Trauer durchwandern,* München, 2013.

Die berührende Krankheits- und Pilgergeschichte von Kurt Peipe kann man unter dem Titel *Dem Leben auf den Fersen: Zu Fuß von Flensburg nach Rom – die Geschichte meiner Reise zu mir selbst,* München, 2008, nachlesen, die spannenden Erlebnisse und für alle Pilgernden bereichernden Erkenntnisse des Rollstuhlpilgers Felix Bernhard finden sich in *Dem eigenen Leben auf der Spur: Als Pilger auf dem Jakobsweg,* Frankfurt a. M., 6. Auflage 2008, und *Weglaufen ist nicht: Eine andere Perspektive aufs Leben,* Asslar, 2010.

Über das Thema Vergebung und Versöhnung habe ich bei Konrad Stauss, *Die heilende Kraft der Vergebung,* München, 3. Auflage 2010, viel gelernt.

Weise Erkenntnisse zu den Aufgaben in der zweiten Lebenshälfte fand ich bei Richard Rohr in *Reifes Leben*, Freiburg i. Br., 2. Auflage 2013.

Eine sehr lesenswerte theologische Reflexion über das Pilgern enteckte ich bei Detlef Lienau, *Sich fremd gehen – warum Menschen pilgern,* Ostfildern, 2009.

Irrweg Jakobsweg: Die Narbe in den Seelen von Muslimen, Juden und Ketzern, Graz, 2007 von Roland Girtler beleuchtet

kritisch die kulturellen, politischen und kirchenhistorischen Hintergründe der Entstehung der Jakobswege.

Was es heißt, mit Esel zu pilgern, kann man sehr unterhaltsam bei Tim Moore, *Zwei Esel auf dem Jakobsweg – Wie ein Engländer sein Herz an Spanien verlor*, München, 2010, und auch bei Carmen Rohrbach, *Muscheln am Weg: Mit dem Esel auf dem Jakobsweg durch Frankreich,* München, 2010, nachlesen.

Und wer es bisher nicht gelesen hat: *Ich bin dann mal weg – Meine Reise auf dem Jakobsweg,* München, 2009, von Hape Kerkeling halte ich in seiner Balance zwischen lockerer Plauderei und spirituellem Tiefgang noch immer für eines der besten Tagebücher über das Pilgern.